惜しみない愛を与え続ける

オードリー・ヘップバーンの言葉

桑原晃弥

映画「ローマの休日」の王女役で鮮烈なデビューを果たし、24歳でアカデミー賞主演女優賞を獲得。大きな瞳と細身で長い脚は、それまでの女優のイメージを一新した。（1953年撮影）

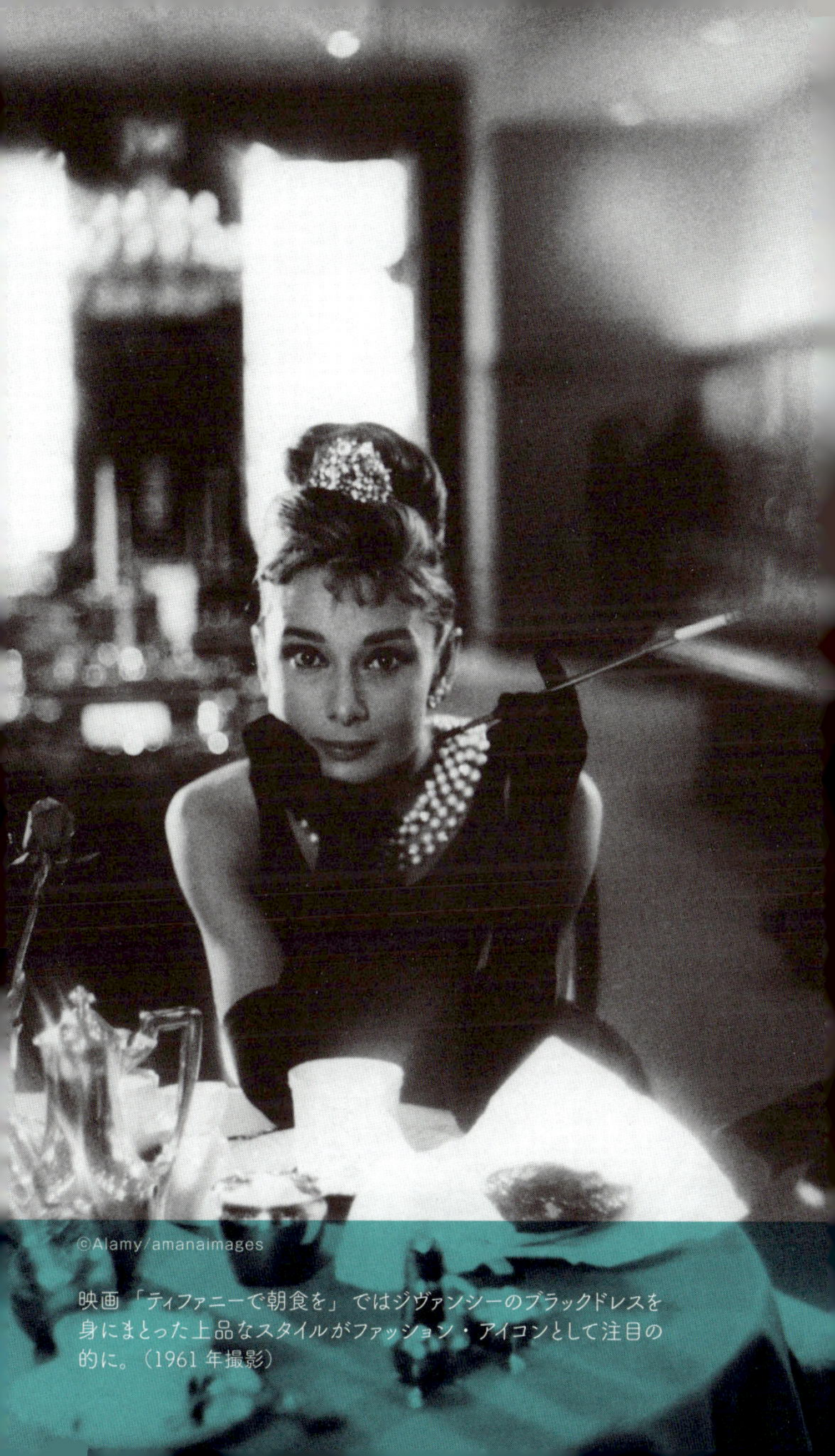

映画「ティファニーで朝食を」ではジヴァンシーのブラックドレスを身にまとった上品なスタイルがファッション・アイコンとして注目の的に。（1961 年撮影）

第１子の息子ショーン・ファーラーと。ショーンが小学校に上がると仕事量をおさえて子育てに専念、農場に住んで普通の価値観の中で子育てをした。（1961 年撮影）

二度の結婚で失望を味わった後、生涯のパートナーとなったオランダ人俳優のロバート・ウォルダーズと出会い、63歳で亡くなるまで結婚はしないまま共に暮らした。（1996年撮影）

強く、優しく、美しく、人生を駆け抜ける

オードリー・ヘップバーンの映画を観て、彼女に恋をしなかった人はほとんどいないのではないでしょうか。私自身はオードリーの映画をオンタイムで観てきた世代ではありませんが、学生時代には東京にたくさんあった名画座（3本立て映画を1000円で観られました）で映画を観て、心を奪われた記憶があります。

私が大学生だった1970年代は、オードリーがあまり好きではなかった「アメリカンニューシネマ」が全盛で、それはそれで心躍るものがありましたが、その少し前の世代に属するオードリーの映画には、アメリカンニューシネマにはないおしゃれな感じや品の良さ、心地よい楽しさがあったように感じます。

「ローマの休日」で王女役を務めたオードリーは、監督や製作会社が探し求めたまさに「王女になるべく育てられたような女性」でしたが、そこに至る人生は過酷なものでした。1929年、ベルギーに生まれたオードリーは母親がオランダ貴族の由緒ある家柄で、乳母や家庭教師もいて何不自由ない子ども時代を送るはずでしたが、不幸にも両親が不仲で、激しいケンカを繰り返す日々だったといいます。

幼い子どもにとって両親の不仲ほど辛いものはありません。時に家を飛び出し争いを逃れたり、自分を優しく抱きしめてくれる人を探して家中を歩き回り、叔母や乳母に手を伸ばしたといいますから、いかに愛を強く求めていたかが伺えます。「父に捨てられた」オードリーは寂しさの中、バレエに救いを求めます。

しかし、同時期に第二次世界大戦が勃発、母親とともに移住したオランダのアルンヘムをナチスが占領、オードリーは5年もの間、自由もなく、食料も満足にない生活を強いられます。ここで支えとなったのはバレエでした。もちろんバレエのレッスンを受けること、バレエを楽しむことはできませんでしたが、ナチスに抵抗するレジスタンスのために、灯りの漏れない部屋でバレエを披露してみんなから募金を集めるなど、少女なりにできる限りのことをしています。その後、ナチスが敗北、街は解放されます。当時の彼女はのちにユニセフの親善大使として訪問した国々で出会った、病気にかかり、飢えに苦しむ子どもたちを見て、「あの時の私だ」と言うほどの悲惨な状態でした。背は高くても、病気がちな痩せた少女でした。やがて19歳になったオードリーは有名なバレエ・スクールに入学しますが、戦争中のブランクはあまりに大きく、子どもの頃から夢見ていたプリマ・バレリーナにはなれないと知ります。生きていくためにオードリーはモデルや映画、ミュージカルの端役として活動を始めますが、その時の映画などが「ジジ」の作家シドニー＝ガブリエル・コレットや、「ローマの休日」の映画プロデューサーたちの目に留まり、22歳の時にアメリカに渡ることになります。

バレリーナへの夢は諦めましたが、その人目を引く容姿は「生きるため」の仕事だった俳優、それもトップ俳優への道を拓くことになったのです。以後の活躍はまさに「シンデレラ・ストーリー」です。「ジジ」に次ぐ2作目の舞台「オンディーヌ」でトニー賞を受賞し、「ローマの休日」でアカデミー主演女優賞を受賞した彼女はまだ25歳の若さながら一躍ハリウッドを代表する人気俳優となります。以後、結婚や出産による休養をはさみながら「麗しのサブリナ」や「尼僧物語」「ティファニーで朝食を」「シャレード」「おしゃれ泥棒」「暗くなるまで待って」など数々の作品に主演、その多くが今も語り継がれる作品となっています。

41歳で第二子・ルカを出産して以降、映画にはわずか4本しか出演していませんが、「アンネの日記」の朗読に挑戦したり、ユニセフ親善大使として貧しい国や地域を訪問するなど、精力的に子どもたちを救う活動をします。戦争中に自分が苦しみ、戦後はユネスコなどに救われたという思いがあったからですが、それはまさに俳優として得た名声を飢餓に苦しむ子どもたちのために活かす行動でした。

そんなオードリーの活動を通して、世界中の人々が、世界にはたくさんの飢餓や病気に苦しむ子どもたちがいることを知り、平和の大切さを理解します。それはまさにオードリーだからこそ送れたメッセージと言えますが、その過酷な旅が63歳という若さで亡くなることにつながったのかもしれないと思うと悲しくもありますが、だからこそ今も人々の心の中にオードリーが生きていると言うこともできます。

本書は彼女の幼少期から晩年までの言葉を収録していますが、その言葉の一つ一つは、今を生きる皆様にとって、生きる支えとなるものばかりです。本書が皆様の生きる力となればこれに勝る幸せはありません。本書の執筆と出版にはリベラル社の伊藤光恵氏、仲野進氏、木田秀和氏にお世話になりました。感謝申し上げます。

桑原　晃弥

もくじ

第一章　逆境でどう生きるか

第二章　チャンスをつかみ取るために

第三章 頂点のさらに上を目指して

第四章 スターから女優になる

第七章 より良い人生を生きる

WORDS OF AUDREY HEPBURN

第一章

逆境でどう生きるか

WORDS OF AUDREY HEPBURN

01

今、生きていることに感謝しよう

もし伝記を書くとしたら（中略）書き出しはこんな風になるわ。私は1929年5月4日ベルギーのブリュッセルで生まれ……6週間後に一度死んだ

▼『母、オードリーのこと』

オードリー・ヘップバーンはいくら求められても自分の伝記を書くことはありませんでした。しかし、息子のショーンには「もし伝記を書くとしたら」と断ったうえで、生後6週間目に経験した「蘇《そ》生《せい》」の話をしています。

オードリーは1929年5月4日にベルギーで生まれました。ところが生後6週間で悪性の百日咳《ひゃくにちぜき》にかかり、激しい発作のため、呼吸停止に至っています。

なぜ病院に行かなかったのでしょう？

母親のエラは信仰の力によって病が癒されると信じるクリスチャン・サイエンスの信者であり、オードリーが病気になっても病院に連れて行くことはせず、次第に顔が青ざめていくオードリーのお尻を繰り返し叩き、必死に祈ることで奇跡的に蘇生させています。

病気の子どもを医者に診せず、死なせかけるというのはとんでもない話ですが、何とかオードリーは生き延びることができました。

この「死なずに蘇生した」という体験は生涯にわたってオードリーを励ましたのではないかというのがショーンの見方です。オードリーはこのときと、その後の戦争とで二度も死の淵をさまよい、生き延びているのです。

WORDS OF AUDREY HEPBURN 02

子どもにとって親の存在は大きい

わたしはいつも他人の父親を羨み、泣きながら家へ帰ったものだった。彼らにはパパがいたからである

▼『オードリー・ヘップバーン物語』

オードリー・ヘップバーンの母親エラは、オランダ貴族の由緒ある家柄の出身です。結婚して2人の子どもを産んでいますが、5年後に離婚。翌年にジョセフ・ヘップバーン＝ラストンと再婚し、2人の間に生まれたのがオードリーです。

異父兄とも仲が良く、幼い頃は乳母も家庭教師もいて、何不自由ない生活を送っていたオードリーですが、不幸にも両親の仲は悪く、いつも激しいケンカを繰り返していました。そしてオードリーが6歳になったばかりの頃、父親が家を出ます。そのときのショックはあまりに大きく、「父に捨てられたことは、私の一生で最もショッキングな事件でした」(『それでもあなたは美しい』)と振り返っています。

父親が好きで、無性に会いたかったオードリーですが、子ども時代にその願いが叶うことはありませんでした。

みんなには父親がいるのに、自分にはいない。その悲しみを抱えながら子ども時代を過ごし、やがて女優として大きな成功を収めたオードリーですが、その後の結婚への強いあこがれと、離婚への恐れはやはりこのときの経験が大きく影響しているようです。子どもにとって親はかけがえのない存在なのです。

WORDS OF AUDREY HEPBURN 03

母親の教えを大切に守る

わたしの母はすばらしい母親でしたけれど、子どもに対してとても厳しい人でした。あふれるほどの愛情をもっていたけれど、それを表現しない人でした

▼『それでもあなたは美しい』

オードリー・ヘップバーンは、早くから子どもを持ちたいと願い、出産後は親子の時間を大切にしたいからと仕事をセーブし、長期間休むこともありました。

オードリーは幼い頃、両親が離婚し、父親が家を出るという苦い経験をしています。それだけに、自分の子どもたちには惜しみない愛情を注いだのです。

オードリーの母エラはオランダ貴族の家柄であり、子育てについてはとても厳格だったといいます。エラはオードリーに次のようなことを守らせました。

①時間を守りなさい。
②常に自分よりも周囲を優先しなさい。
③自分のことばかり話してはいけません。大切なのはまわりの人たちです。
④まっすぐに立ち、背筋を伸ばして座りなさい。

結果、オードリーは「私は優しく抱きしめてくれる人を探して家中を歩き回り、叔母や乳母に手をのばした」といいます。

最近では厳しい躾《しつけ》は見直されつつありますが、親の教えが子どもの人間形成に影響を与えることは間違いありません。

母エラの教えは厳しい面もありましたが、努力家で気配りを忘れないオードリーの人間性は、このときの教えがもとになったと言えるでしょう。

WORDS OF AUDREY HEPBURN 04

自分にできることを精一杯やろう

忠実なオランダの男女生徒は一人残らず自分にできることをして役に立った

▼『オードリー・ヘップバーン物語』

戦争という過酷な現実の中で、何を考え、どう行動したかは戦争が終わってからもしばしば問われるものです。

10代前半をナチスが占領するオランダのアルンヘムで過ごしたオードリー・ヘップバーンは、有名になってから「本当にレジスタンス運動を支援したのか?」と聞かれることが多かったといいます。こう答えていました。

「あの当時の子どもができることをやっただけです。ええ、子どもの方が疑われず、兵士に引き留められ身体検査される恐れが少ないので、秘密の伝言を靴の中に忍ばせて届けました」(『母、オードリーのこと』)

他にもオードリーはバレエの才能を活かしています。それは「灯火管制公演」とでも呼ぶべきものでした。誰かの家の窓に鍵をかけ、鎧戸《よろいど》を閉め、友だちが弾くピアノに合わせてオードリーが自分で振り付けをしたバレエを踊ります。そして踊り終わると、帽子を回してわずかばかりの寄付を集め、レジスタンスの活動資金としたのです。

食糧難からやがて踊ることも難しくなりましたが、オードリーは他の子どもたちと同じくオランダのために自分にできる精一杯のことを続けたのです。

WORDS OF AUDREY HEPBURN 05

絶望の中でも希望を持ち続けよう

占領が五年間も続くとわかっていたら、わたしたちは自殺していたかもしれません。来週には……六か月たったら……来年こそ占領が終わるだろう……そんなふうに考えてどうにか切り抜けたのです

▼『オードリー・ヘップバーン物語』

『夜と霧』という名著があります。

ナチスの強制収容所から奇跡的な生還を果たしたユダヤ人の精神科医ヴィクトール・フランクルの著書です。

フランクルは収容所での出来事を詳細に記録するとともに、人々が何に絶望し、何に希望を見出したかを克明に描いています。フランクルによると、先の見えない収容所でクリスマスに解放されるという噂が広まったものの、それが裏切られると力尽きる人が多かったといいます。

どんなときも心の支えとなる「希望」を持ち続けられるか——それが極限状態の生を左右したのです。

オードリー・ヘップバーンは10代前半をナチスが支配する街で暮らしました。

食料もない過酷な環境でしたが、そこでも「バレリーナになる」という夢を持ち、子どもながらにレジスタンスの連絡係を積極的に務めました。

オードリーによると、当時の状況は「終わりなきチャンス待ち」だったといいます。「来週には」「6カ月たったら」「来年こそ」と解放への希望を胸に生き抜く日々だったのです。

絶望的な環境でもあきらめずに希望を持ち続ける。それができたからこそオードリーは生き抜くことができたのです。

WORDS OF AUDREY HEPBURN 06

失う怖さを知るからこそ持てるものに感謝できる

愛はわたしを怯えさせないが、別離はわたしを怯えさせる

▼『オードリー・ヘップバーン物語』

現代の日本でも、地震などの災害を経験すると、平穏無事な日常がいかにありがたいものかがよくわかります。

オードリー・ヘップバーンのように戦時下での過酷な生活を経験した人間から見ると「安全な暮らし」は心の底から感謝すべきものだったでしょう。

アンドレア・ドッティと再婚し、2人目の子どもが生まれた後、雑誌『ヴォーグ』のインタビューで「今、最も感謝していること」としてこう話しています。

「それは私の子どもが1日に三度の食事をとることができ、自由を束縛されず、誰かがドアを叩く危険にさらされていないことである」

ナチスが支配した戦時下のオランダでは、人が殺され、連れ去られる危険が身近にありました。オードリー自身もドイツ兵に連れ去られそうになったことがありましたし、アルンヘムに住む全オランダ人と一緒に街からの退去を命じられたこともあります。

これほどの苦難を経験すれば、安全な暮らししか知らない人なら絶対に恐れないはずの「別離」におびえ、強い警戒心を抱くのは当然でしょう。

オードリーの失うことへの恐れは、持てるものへの感謝につながっていました。

WORDS OF AUDREY HEPBURN 07

生き延びることはすべてに優先する

わたしたちはすべてを失った——家も、家財も、お金も。でもそんなことはどうでもよかった。わたしたちは生きのびた、肝心なのはそのことだった

▼『オードリー・ヘップバーン物語』

私たちは、生きていると「もう死んでしまいたい」と思うほどの絶望に駆られることがあります。その理由は災害であったり、家族の不幸であったり、自分自身の問題だったりとさまざまでしょう。

しかし、何があろうとも「生き延びる」ことが重要だというのがオードリー・ヘップバーンの考え方です。

第二次世界大戦中、オードリーはお金も食料もない、まさに極限状態の生活を強いられていました。

戦後は栄養不足からいくつもの病気を併発、ユネスコなどの支援で何とか命拾いをしました。このとき「生き延びた」からこそ、その後の活躍が可能になったのです。

オードリーは人生の後半をユニセフの親善大使として活動しました。そして子どもたちが死んでいく「地獄」を見るたびに怒りに震え、こう訴えています。

「子どもたちを護ることは政治とは無関係です。重要なのは生き延びることなのです」(『オードリー・ヘップバーン物語』下)

人は過酷な状況を生き延びて、初めて自分の人生を歩むことができます。

だからこそ、「生き抜く」こと以上に優先すべきことなどないのです。

WORDS OF AUDREY HEPBURN 08

いちばん大切なことは他者への共感

はっきりわかったことは、ほかの人間の苦しみへの共感ほど大切なことは何もないということです。尊厳をもって生き残るのだとするなら、たがいに思いやりを持つしかないのです

▼『オードリー・ヘプバーン　彼女の素顔がここに』

オードリー・ヘップバーンはナチスが支配する街で5年間も暮らし、飢えに苦しみながらもかろうじて生き残りました。「ダンサーになる」という夢だけが、生きる支えでした。

一方で、ナチスが人々に加えた残虐行為は、オードリーの心に忘れられない傷を残し、大人になってからも悪夢にうなされることがあったといいます。やがてオードリーはこう考えるようになります。

「私は、人が死ぬのを見た。家族が引き離されるのを見た。残虐行為と、飢餓は、日常の出来事でした。はっきりわかったことは、ほかの人間の苦しみへの共感ほど大切なことは何もないということです。何もです。キャリアでも、財産でも、知性でもない。地位でもないことはもちろんです。尊厳をもって生き残るのだとするなら、互いに思いやりを持つしかないのです」

オードリーにとって戦争は過酷なものでしたが、同時に戦争によって「逆境に負けない強靭《きょうじん》さ」が身につき、「人の命への深い感謝の念」を抱くようになったと話しています。

オードリーの深い愛は、皮肉にも戦争という極限状態の体験から生まれたものでした。

WORDS OF AUDREY HEPBURN 09

愛することと愛されることが心の安らぎになる

そしてわたしも父に愛されていたことを知りました。知るのが遅すぎたとしても、知らないよりはましです

▼『オードリー・ヘップバーン物語』

オードリー・ヘップバーンの父親が家を出たのは1935年、オードリーが6歳のときでした。以来、オードリーが有名になってからも父親からの連絡はありませんでした。自身の戦争中のファシスト的政治思想や刑務所生活が、成功をつかんだ娘の人生に悪影響を与えるのではないかと考えたのでしょう。

そんな父親に対し、オードリーは「父は私に連絡をくれなかったし、会いたいとも思わなかった」と言っていましたが、やがて赤十字を通して父親が生きていることを突き止めると、1959年、ダブリンで再会を果たします。

父親は1980年、90歳で亡くなりましたが、再会から亡くなるまでの20年余り、オードリーは月々小切手を送って父親の生活を支えています。

家を出ていった父親に対し、オードリーは長年にわたって不信感や複雑な感情を抱いていました。しかし、父親がオードリーに愛されていることを知って亡くなったように、オードリーもまた、父親に愛されていたことを知ったのです。

オードリーは父親の気持ちを知ったことで「心安らかになれた」と話しています。深い溝ができた相手でも、本心を知ることで赦せることもあるのです。

WORDS OF AUDREY HEPBURN 10

十分に食べられることに感謝する

飢えをしのいで生きのびた人間は（中略）ステーキがよく焼けていないからといって突っ返したりはしないものよ

▼『オードリー・ヘップバーン物語』

日本でも戦時中の食糧不足や飢えの苦しさを語る有名人が少なくありませんが、オードリー・ヘップバーンも10代前半という育ち盛りの時期に食料が十分に手に入らない苦しさを経験しています。

戦争が終結し、オードリーはようやくまともな食事ができるようになったものの、最初の食事は吸収できずに激しく吐いてしまうなど、「身体が豊かな食事を受け付けなくなっていた」と回顧するほどでした。

当時、オードリーの身長は168センチでしたが、体重はわずか41キロでした。以来、亡くなるまで体重が50キロを超えることはなく、ときに摂食障害と言われることもありました。オードリー自身は食べることは大好きでした。ただ、「食べたいだけ食べるのは良くない」という強い自制心を持っていたのです。

「飢えをしのいで生きのびた人間は（中略）ステーキがよく焼けていないからといって突っ返したりはしないものよ」は、オードリーがいつも口癖のように言っていた言葉です。

多感な時期、育ち盛りの時期に経験した半飢餓状態はオードリーにとって決して忘れることのできない、忘れてはいけない体験だったのです。

WORDS OF AUDREY HEPBURN

第二章

チャンスをつかみ取るために

WORDS OF AUDREY HEPBURN

11

欠点から目をそらさず、長所を際立たせよう

自分を客観的に見なくてはならない（中略）いわば自分を一種の道具とみなして、なにをしなければならないかを決めなくてはならない

▼『オードリー・ヘップバーン物語』

オードリー・ヘップバーンが映画界にデビューして以来、世界中の女性たちが彼女のスタイルにあこがれ、真似をしてきました。

しかし、オードリー自身は、子どもの頃から自分の容姿に対して強いコンプレックスを抱いていたのです。

幼い頃はバレリーナを目指してレッスンに励んでいましたが、その時代の男性バレリーナと組むには背が高すぎるというのが悩みの種でした。

夢をあきらめざるを得なかったオードリーですが、生きるためにはお金を稼がなければなりません。ミュージカルの端役や写真のモデルを務めたりしながら、彼女がいつも考えていたのは、自分の長所を引き立てる方法でした。

たとえば、「明るい色は自分を色あせて見せる」「黒と白、ベージュやピンクのような中間色は目と髪を黒っぽく見せる」「丸みのない体にはパッド入りの角張った服は着られない」「背を高く見せないためにローヒールの靴を履く」といったことに気づき、自分をより良く見せる着こなしを身につけます。

欠点をカバーしながら長所を際立たせることで、オードリーは成功へと近づいていくのです。

WORDS OF AUDREY HEPBURN

12

ありのままの自分をアピールしよう

わたしは平たい胸が嫌いだった。あまりに細すぎて、胸といえるほどのものがなかった。そんなこんなで、女の子はひどく内気になってしまう

▼『オードリー・ヘップバーン物語』

オードリー・ヘップバーンの魅力の1つは、「永遠の少女」を思わせるようなスレンダーな体形にあります。しかし、その体形は当時の「女優」の常識からはかなりはずれたものでした。

オードリーはイギリス時代、ダンサーとしてミュージカルなどに出演していますが、舞台仲間の1人から「ステージで一番立派なおっぱいを持っているのは私なのに、みんなおっぱいなんか全然ない女の子ばかり見ているんだから」と恨み言を言われることもありました。

当時、女優に求められたのは「成熟した大人」だったのに対し、オードリーはその基準から遠いところにいたのです。

そのためオードリーは当初は自分の体形にコンプレックスを抱くこともありました。しかし「ローマの休日」の大ヒットを経て、「麗しのサブリナ」を演じる頃には、細身で踝《くるぶし》が出た短いパンツルック「サブリナパンツ」を履くことで、その体形をより際立たせるようになります。

当時、監督のビリー・ワイルダーはオードリーのことを「この娘は、たった1人でおっぱいを過去の遺物にしてしまうかもしれない」と評しました。オードリーのコンプレックスはやがて世界の女性たちのあこがれに変わったのです。

WORDS OF AUDREY HEPBURN 13

夢が消えた後から本当の人生が始まる

チュチュを着てコヴェント・ガーデンで踊りたかった。
それはわたしの夢であって、計画ではなかった

▼『オードリー・ヘップバーン物語』

オードリー・ヘップバーンは有名になってからもしばしば自分の第一志望はバレリーナになることだったと話しています。踊ることはできても、演技の指導を受けたことはなく、「ダンサーと女優の中間」のようなものだとも言っています。

実際、オードリーはイギリスの寄宿学校時代、ロンドンからやってきて、バレエのレッスンをしていた若いダンサーを見て以来、「私はダンスに恋をした」というほどバレエに夢中になっています。

やがて本格的なバレエの稽古を受けるようになると、「私はバレリーナになれるとかたくなに信じて疑わなかった」というほどのめりこみます。

その夢を無残に押しつぶしたのが戦争でした。ナチスに支配されるオランダでは満足な稽古ができないばかりか、十分な食事をとることもできませんでした。戦争が終わり、バレエのレッスンのためにイギリスに渡った頃には「それは私の夢であって、計画ではなかった」と悟っています。そして、代わりに選んだのが映画の道でした。

人はいつも「なりたい自分」になれるとは限りません。しかし、その事実を知ったときにどう行動するかによって、その後の人生が大きく変わるのです。

WORDS OF AUDREY HEPBURN

14

自分を活かせる道を探そう

それだけの時間を費やして、結局当時の相場だった週五ポンドのお金を稼ぐだけというそんな余裕はわたしにはなかった

▼『オードリー・ヘップバーン物語』

オードリー・ヘップバーンを見て、「あんな女優になりたい」と夢見た人は少なくないでしょう。それほどオードリーの映画における輝きは素晴らしいものでした。しかし、オードリーが映画の世界を進んだのは女優になりたかったからではありません。

9歳のときに両親が離婚したオードリーは母親と暮らすことになります。母親は貴族の家系の出身でしたが、生活はとても苦しいものでした。

こう振り返っています。

「私の母は文無しだった。貴族の称号を持っているだけで、なぜ人々は彼女がお金持ちだと決めてかかるのか、私には理解できない」

10代後半でイギリスの有名なバレエスクールへの入学を奨学金付きで許されたオードリーですが、一家にはイギリスに行くお金も生活費もありませんでした。

やがて苦労して渡英したものの、バレリーナとして成功するためにはさらに5年間の訓練が必要と言われたオードリーは夢をあきらめます。そして「お金を稼ぐ近道」と教えられた映画の世界へと進みました。「生きるための手段」として飛び込んだ映画が、やがてオードリーに栄光をもたらすことになるのです。

WORDS OF AUDREY HEPBURN

15

チャンスは迷わずつかみ取ろう

わたしはいつも、頭のすぐ上にあるものに手をのばしてきました。それがつかめたのは、わたしがつかむチャンスを逃さなかったから

▼『それでもあなたは美しい』

バレリーナとして大成することが難しいと感じたオードリーは「生きるためのお金」を稼ぐために写真のモデルやミュージカルに出演するようになります。「映画はお金を稼ぐ近道よ」と教えられ、「天国の笑い声」や「若気のいたり」、「若妻物語」などの映画に端役で出演したのち、「初恋」では準主役に抜擢されます。

当時のことをオードリーは「無我夢中で、自分が何をやっているのかさっぱりわからなかった」と振り返っていますが、そんなオードリーを見て、演技はともかく、「あの美しいオードリー・ヘップバーン」「妖精のような美しさと存在感は注

目に値する」と高く評価する人も少なくありませんでした。

まさに生きるために懸命だったオードリーですが、こうした映画を観て監督のウィリアム・ワイラーや映画会社の部長がオードリーに注目したことが「ローマの休日」につながっています。

映画「われらモンテ・カルロに行く」の撮影中に作家コレットが通りかかったことは「ジジ」の出演につながりました。

頭のすぐ上にあるものに必死に手を伸ばし、懸命に頑張った日々こそが、オードリーに大きな成功をもたらすことになったのです。

WORDS OF AUDREY HEPBURN

16

人生で無駄な経験などない

（バレエの）きびしさに慣れていなかったら（中略）途方もない稽古量にはとても耐えられなかったと思います

▼『オードリー・ヘップバーン物語』

オードリー・ヘップバーンは女優として世界的名声を手にしますが、幼い日に夢見ていたのはバレリーナになることでした。6歳の頃にバレエと出合い、戦争中もバレエの練習を欠かすことはなく、19歳でロンドンの有名なバレエスクールに入学しています。

しかし、それほど好きなバレエであっても、戦争という苦難の時代を経験したオードリーには肝心のテクニックが不足していました。背の高さなどもあり、大成することは難しいと知り、イギリスでミュージカルや映画の端役に出演し始めます。大きな挫折ですが、やがて舞台「ジジ」の主役に抜擢《ばってき》されてからはその経験を活かす機会が訪れます。

長くバレエを続けてきたオードリーにはたしかに「演技の経験」はありませんでした。

しかし、バレエで培った感覚、すなわち、「自分の姿勢が優雅でないとすぐに気づく」習慣や、バレエの厳しい稽古に耐えた経験が大いに役立ちます。

「ジジ」で主役として本格的な芝居をするために与えられた期間はわずか3週間。その厳しさに耐えて演じきることができたのは、幼い頃にバレエに懸命に取り組んだ日々があったからでした。

WORDS OF AUDREY HEPBURN

17

シンデレラ・ストーリーは努力なしには実現しない

わたしはすばらしい幸運に恵まれました。といっても、一夜にして成功を手に入れたわけではないわ

▼『エレガントな女性になる方法』

オードリー・ヘップバーンの物語は、アメリカ時代だけを見れば紛れもない〝シンデレラ・ストーリー〟です。

映画「われらモンテ・カルロに行く」の撮影中に作家コレットが通りかかったことが舞台「ジジ」への出演につながっていますし、イギリス時代に出演した映画が監督のウィリアム・ワイラーや映画会社の部長の目に留まったことが「ローマの休日」につながっています。

しかも、ブロードウェイもハリウッドも初めてだったオードリーがトニー賞とアカデミー賞の両方を受賞し、以来、主演依頼が切れ目なく舞い込んだのです。

たしかにこの時期だけを見れば、順風満帆な人生のように思えます。

しかし、オードリーの側から見れば、少し事情が異なります。バレリーナを目指して渡ったイギリスでは、1部屋しかないフラットに母親と2人で暮らしながら、生活費を稼がなければなりませんでした。そのために、無名のダンサーとして下積みを経験し、ダンスショーや映画の脇役として過ごす日々を送っています。

幸運に恵まれたオードリーですが、「魔法の120分（「ローマの休日」の上映時間）」が実現するまでには、何年も努力を重ねていたのです。

WORDS OF AUDREY HEPBURN

18

できないことを知っているからこそ努力できる

仕事の上で経験が不足していることは知っていました。けれど、少なくともわたしは、与えられたことができるようなふりをしたことは、一度もありません

▼『それでもあなたは美しい』

かつて、「履歴書や職務経歴書を書かせると、アメリカ人は自分がやったことの120~150%を書くが、日本人はやったことやできることの70%しか書かない」と言われたことがあります。

今の時代には当てはまらない面もありますが、「できないことまでできる」といってチャンスを手にしようとする人と、「自分なんか」と遠慮がちな人の違いを明確に表しています。

オードリー・ヘップバーンは元々がバレリーナ志望だったので、歌や芝居の訓練をしたことはありませんでした。

そのためイギリス時代に「7日間のオランダ語」という映画のスクリーン・テストをやってみないかと言われたとき、「私は女優じゃありません（中略）きっと後悔しますよ」『オードリー・ヘップバーン物語』上）と、慎重に断りを入れているほどです。

お金を必要としているにもかかわらず、はっきりとこう言えるところにオードリーらしさがあるのかもしれません。

どんなに成功しても決して驕《おご》ることなく、できないことを自覚して生きる。オードリーにはそんな謙虚さと、懸命さがありました。自分の弱さを知っている人こそが本当に強い人なのです。

WORDS OF AUDREY HEPBURN 19

まわりを冷静に見る力を持つ

「カット」と言えるのは一人だけです

▼『オードリー　リアル・ストーリー』

オードリー・ヘップバーンが「ローマの休日」の主役に抜擢されたきっかけは、映画会社パラマウントのリチャード・ミーランドが「天国の笑い声」のオードリーを見て、「端役だが、とても印象的」だと感じたからでした。彼らが求めていたのは、「王女になるために育てられたと思わず信じてしまうような子」でした。

カメラテストのためにスタジオに呼ばれたオードリーは未熟で、新米の自分に好意を持っているらしい人たちに会えるだけでうれしかったといいます。

テストは順調に進みますが、ベッドに身を投げ出すシーンの後、スタッフから「もういいよ」と言われたのに、オードリーは帰ろうとはしませんでした。

パラマウントが見たかったのは、脚本のシーンを演じるオードリー以上に、演じていないときのオードリーの姿でした。

それを悟ったオードリーはベッドに座って伸びをしたり、微笑みながらテストの出来を聞きます。そのフィルムを見た監督のウィリアム・ワイラーはオードリーのかわいらしさ、無邪気さだけでなく、頭の良さやユーモアに感心し、「まさに適役だ」と決断します。

オードリーには人を魅了する才能と、周囲を冷静に見る賢明さがありました。

WORDS OF AUDREY HEPBURN 20

未熟であってもプライドは大切にしよう

パラマウントがわたしを望むなら、名前ごと受けいれてもらいたい

▼『オードリー・ヘップバーン物語』

ハリウッドには2人の「ヘップバーン」がいます。1人はオードリー・ヘップバーンですが、もう1人はオードリーの22歳年長で、オスカーに12回ノミネートされ、4回も受賞した名女優キャサリン・ヘップバーンです。

オードリーは1951年、22歳のときに舞台「ジジ」の主役と、映画「ローマの休日」の主役の座を射止めています。その際、映画会社パラマウントから「キャサリン・ヘップバーンとの混同を避けるために姓を変えてほしい」と要望されました。

当時のオードリーはいくら主役に抜擢されたとはいえ、ブロードウェイでもハリウッドでもまったく無名の役者に過ぎません。こうした場合、ほとんどの人は要望に従うでしょう。

ところがオードリーは違っていました。

「パラマウントが私を望むなら、名前ごと受け入れてもらいたい」

自分が弱い立場にいると、つい強者の要求を飲んでしまいがちですが、それでも自分のプライドを守れる人こそ本当の強者です。無名の存在でありながら、毅然とした態度で主張を貫いたからこそ、オードリーはハリウッドを代表するスターになれたのかもしれません。

WORDS OF AUDREY HEPBURN

第三章

頂点のさらに上を目指して

WORDS OF AUDREY HEPBURN

21

栄冠はゴールではなく通過点と考えよう

この賞をいただいたからといって、身に余るおほめの言葉をいただいたからといって、脇見をしたり息抜きをしたりするつもりはありません

▼『オードリー・ヘップバーン物語』

オードリー・ヘップバーンはイギリス時代に映画やミュージカルに出演していました。しかし、いずれも脇の存在であり、輝かしい栄光には縁がありませんでした。運命が大きく変わったのは22歳のとき。アメリカに渡り、「ジジ」と「オンディーヌ」でブロードウェイデビューを果たし、「ローマの休日」でハリウッドデビューを果たしてからです。

当時のオードリーはまだ演技を勉強中で、「いつかは本物の女優になりたい」と願うような存在でしたが、舞台も映画も大成功したことで、1954年、アカデミー主演女優賞とトニー賞を受賞しました。いずれも映画と舞台、それぞれにおける最高の賞です。他に同じ年度に2つの賞をW受賞したのは1952年のシャーリー・ブースだけだったという点からも、その年のオードリーへの評価がいかに高かったかがわかります。

しかし、オードリー自身は「演技することは容易ではありません」とさらなる精進を誓っています。「自分で定めた目標に向かってわき目も振らずに進む」ということが、栄光を手に入れたオードリーの率直な思いでした。頂点は、彼女にとっての「終着点」ではなく、通過点なのです。

WORDS OF AUDREY HEPBURN 22

「次こそベスト」と考える

もし私がこの評価（「ローマの休日」でのアカデミー賞）に値するとしたら、それは次の映画が証明してくれるでしょう

▼『オードリーの愛と真実』

オードリー・ヘップバーンは「ローマの休日」でハリウッドデビューを果たし、翌年にアカデミー主演女優賞を受賞しています。これは奇跡とも言える「スター誕生」でした。生まれたヨーロッパで主役の経験のない新人女優が、いきなりアメリカで主役を務め、映画界最高の賞を受賞したのです。業界関係者からはオードリーの魅力は認めつつも、「まだ早い」という声があったのも事実です。

実際、オスカーは、有名な俳優であっても何度かノミネートされて初めて手にできるものだけに「初主演・初受賞」は奇跡といえました。とはいえ、日本の芸能界でも「一発屋」と呼ばれる人がいて、作家や俳優の中にも圧倒的な代表作を超えられない人もいるだけに、オードリー自身、自分がオスカーにふさわしいという自信はなく、「次の映画（役柄）」で証明されるだろうと覚悟を示していました。「我々の評価は次回作で決まる」はウォルト・ディズニーがしばしば口にしていた言葉です。オードリーもまた、最高のネクストを見据えていました。

その願いは実現し、「尼僧物語」「ティファニーで朝食を」など数々のヒットに恵まれたオードリーは、やがて本物のスターとなるのです。

WORDS OF AUDREY HEPBURN 23

大事なのはお金ではなく今やりたいこと

大事なのはお金ではないのです——優秀な女優になることです

▼『リアル・ストーリー』

大谷翔平は今では10年7億ドルという大リーグ史上最高額の契約を交わす選手ですが、最初に大リーグのエンゼルスと交わしたのは契約金230万ドル、年俸約54万ドル（メジャーリーグの最低年俸）という破格の安さでした。

25歳を過ぎて契約すれば確実に大金を手にできたのに、23歳で挑戦したためです。その理由は「お金よりも今やりたいことを優先したいから」でした。

オードリー・ヘップバーンは「ローマの休日」の後、「麗しのサブリナ」に出演していますが、その出演料は「ローマの休日」をわずかに上回る1万5000ドルでした。「ローマの休日」の公開前だったからです。

ハリウッドで金銭面のアドバイスをしていたヘッダ・ホッパーによると、それは愚かなことでした。「ローマの休日」の公開を待って契約すれば、それをはるかに上回る契約ができたからです。

しかし、オードリーは「大事なのはお金ではないのです。優秀な女優になることです」と考えました。ハリウッドでは「異端の考え」でしたが、やがてオードリーは出演料だけで100万ドルを稼ぐスター女優へと躍進します。情熱の力はお金の魅力を軽く超えるのです。

WORDS OF AUDREY HEPBURN 24

いつも謙虚な姿勢を心がける

わたしがしなければならない仕事は、時間に遅れないことと、自分のセリフを忘れないようにすることだけでした

▼『彼女の素顔がここに』

世の中には、自分が成し遂げたことをあれこれ自慢したがる人がいます。

もちろん、その人の力は少なくなかったでしょうが、一方で、その陰にはたくさんの人の支えがあったことを忘れている可能性もあります。

息子のショーンによると、オードリー・ヘップバーンは、「私がこれをやったのよ」「あれは私の仕事」と言うのを聞いたことがないといいます。

女優として数々のヒット作に主演し、ユネスコでも素晴らしい活動をしましたが、「私ができることはほんのわずかしかありません」がオードリーの口癖でした。


全米映画俳優組合がオードリーに生涯功労賞を贈った際、オードリーの声明はジュリア・ロバーツが代読していますが、そこに書かれていたのは自分を育ててくれた監督や脚本家、カメラや音楽、衣装、そして素敵なスターへの感謝と、映画の仕事につけたことへの誇りでした。

「わたしがしなければならない仕事は、時間に遅れないことと、自分のセリフを忘れないようにすることだけでした」はあまりに謙虚すぎる言葉でしょう。

けれども、そんな控えめな姿勢を忘れないことが、オードリーの一番の魅力でもあったのです。

WORDS OF AUDREY HEPBURN 25

支えてくれる人たちへの感謝を忘れない

いいえ、ちがうわ、世界一美しい目のメイキャップよ

▼『オードリーの愛と真実』

「ローマの休日」が大ヒットして以降、オードリーは「永遠の妖精」として世界中の人々から愛されました。多くの女性が「オードリーのようになりたい」と、強くあこがれたのです。

けれども、オードリー自身はその美しさを讃《たた》えられると、いつも居心地が悪そうにしていたといいます。

少女時代から自分の容姿にコンプレックスを抱いていたオードリーは、「自分があまりにも醜くて、誰にも奥さんにしてもらえないだろうと思っていた」『オードリー・ヘップバーン物語』下）と語っています。

だからなのか、オードリーは自分の魅力を引き立たせてくれる人たちに対し、深い感謝の念を持っていました。

撮影場を訪れた人が「オードリーの目は世界一美しい」と讃えると、オードリーはいつもメイキャップを担当するアルベルト・デ・ロッシの名前を挙げ、「みんなアルベルトのお陰なの」と答えていました。映画の成功を褒められると、こちらも監督などスタッフのお陰で、自分にできることはわずかだと答えています。

周囲への感謝を忘れないところがオードリーの魅力であり、それが彼女を支える人たちの励みになっていたのです。

WORDS OF AUDREY HEPBURN 26

本当のセクシーさはハートから入ってくる

セックス・アピールはサイズだけの問題ではありません。わたしは自分の女らしさを証明するのに寝室を必要としません

▼『オードリー・ヘップバーン物語』

オードリー・ヘップバーンより３歳年上で、１９５０年代から60年代前半にかけて活躍した女優にマリリン・モンローがいます。ハリウッドを代表するセックス・シンボルとして活躍したのち、１９６２年に36歳の若さで不慮の死を遂げたことで今も20世紀を代表するヒロインとして語られることがあります。

オードリーのイメージはモンローと対極にある「永遠の妖精」です。「ローマの休日」で見せた天真爛漫《てんしんらんまん》な少女のような明るさは世界中の人々を虜にしますが、一方でスレンダーな体形から「セックス・アピールがない」と言われることもありました。しかし、オードリー自身はこう主張しています。

「セックス・アピールは心の奥深いところで感じるものです。それは見せるよりもむしろ暗示するものです。服を着ていても、枝からリンゴをもいでいるときでも、雨の中に立っているときでも、寝室同様にセックス・アピールを感じさせることができます」

セクシーさが「下半身からではなくハートから入ってくる」と言われたオードリーはやがて「美の新しい基準を打ち立てた」と『ヴォーグ』誌から評される存在となります。

WORDS OF AUDREY HEPBURN 27

自分を輝かせるものを知ろう

「身なりは人を作る」というけれど、わたしにとって衣装は、失いがちな自信を与えてくれるものでもありました

▼『それでもあなたは美しい』

オードリー・ヘップバーンはファッションの世界にも大きな影響を与えました。オードリーの2作目にあたる「麗しのサブリナ」はサブリナパンツというファッション文化を生み、デコルテ・サブリナという特徴ある衣装が話題となりました。

この作品の製作で出会ったのがユベール・ド・ジヴァンシーです。

ジヴァンシーは元々キャサリン・ヘップバーンのファンであり、当初は「ヘップバーンが店を訪ねる」と言われ、期待して待っていたところ、やってきたのは自分と2歳違いのオードリーでがっかりしたといいます。

ところが2人はすぐに意気投合、ジヴァンシーはオードリーの映画の多くで衣装のデザインを手がけるようになります。彼女はオードリーのことを「非の打ちどころのないモデル」と呼び、オードリーも「彼の服を着ているときだけ、私は私でいられる」と絶対の信頼を寄せました。

オードリーの衣装は映画とともにいつも注目を浴び、そのスタイルを真似る女性が増えていきます。

「オードリーがいなかったら、今、女性たちが当たり前に着ている服は違ったものになっただろう」がマイケル・コースの言葉です。

WORDS OF AUDREY HEPBURN 28

「何を」と「どのように」で思いを伝える

すばらしい歌は歌詞だけではなく曲もたいせつだわ。だからあなたが何を言ったかだけではなく、どのように言ったかがたいせつなの

▼『母、オードリーのこと』

オードリー・ヘップバーンはプロの歌手ではありませんし、オペラを歌えるほど声量に恵まれていたわけでもありません。しかし、「ティファニーで朝食を」の中でジーンズとスウェットを着て、ギターを爪弾きながら歌った「ムーン・リバー」は、作曲家のヘンリー・マンシーニに「今日に至るまで誰一人彼女以上にこの曲を理解し感情を込めて歌った人はいません」と言わせるほどの評価を得ています。

「ムーン・リバー」を歌った歌手は他にもアンディー・ウィリアムズやフランク・シナトラなどがいますが、それでもマンシーニは「オードリーのバージョンが決定版だった。僕があの歌に望んだすべてを超越していた」と絶賛しています。

オードリーの曲に対する深い理解と、憂いを帯びた演技や歌い方がこうした評価につながったのでしょう。

オードリーは息子のショーンに「すばらしい歌は歌詞だけではなく曲も大切だわ。だからあなたが何を言ったかだけではなく、どのように言ったかが大切なの」と教えたといいます。

人に思いを伝えるときは「何を」だけでなく、「どのように」を工夫することで効果が大きく変わってくるのです。

WORDS OF AUDREY HEPBURN 29

怒った後に謝る素直さを持とう

怒りを爆発させる人もいれば、そうでない人もいます。自分の中に抑え込んでしまうのはよくない、と言われています。でも爆発させたらすぐに謝らなければいけませんね…

▼『リアル・ストーリー』

世の中には何か気に入らないことがあると、すぐに怒りを爆発させる人がいます。本人は正しいことを言っているつもりでしょうし、言いたいことを言ってすっきりするかもしれませんが、怒りを向けられた人にとってはたまったものではありません。

オードリー・ヘップバーンは、子ども時代にナチスの占領下で理不尽な光景をいくつも目にしてきました。だからこそ、自分にこんな誓いを立てています。

「戦争さえ終われば、どんなことにも絶対に文句を言わない」

終戦後、オードリーはその言葉通り人に怒りを向けることはほとんどなく、内にこもることが多かったといいます。それは女優として成功してからも同様で、主張はしても感情を爆発させることはありませんでした。それでも「マイ・フェア・レディ」の撮影中は「自分の歌を使ってもらえるのか」という不安や、私生活での葛藤もあり、カメラマンなどに癇癪を起こすことが一、二度あったといいます。オードリーにしては珍しいことでしたが、それでも怒りを爆発させたことをすぐに謝る素直さを持っていました。

つい言い過ぎてしまったとき、人には謝るという素直さも必要なのです。

WORDS OF AUDREY HEPBURN 30

夢がかなったら心の底から喜ぼう

フレッド・アステアと踊るのを20年間待ち焦がれていたわ

▼『母、オードリーのこと』

フレッド・アステアは、50年代のハリウッド映画のミュージカル全盛期を支えた名優です。オードリーとは30歳の歳の差がありますが、幼い頃からバレリーナを目指し、10代後半からミュージカルに出演していたオードリーにとって、アステアは雲の上のような存在でした。

オードリーの元にはいつもたくさんの脚本が送られてきました。彼女はその脚本を3日かけて読んで結論を出すのが常でしたが、「パリの恋人」のときだけは別でした。2時間で結論を出し、夫のメル・ファラーにこう言ったのです。

「私は歌は上手じゃないし、ダンスもそれほどじゃないけれど、でも、ああ、フレッド・アステアと共演できたら」（『オードリーの愛と真実』）

パリでのダンス・シーンの撮影は、長雨の影響で予定が延期になり、かろうじて乾いた地面を見つけて踊ったものの、泥だらけになるといった苦労もありました。しかし「あの映画を私は非常に気に入っている」がアステアの弁であり、後年オードリーも82歳になったアステアの功績を讃《たた》える授賞式で当時の思い出を楽しそうに語っています。

夢がかなったら素直に喜ぶ。これがオードリーの生き方でした。

WORDS OF AUDREY HEPBURN 31

悔しさをかみしめて次を目指す

ジュリー・アンドリュースのために喜んでいます
けど、わたしは悲しいし、がっかりしてるわ

▼『オードリーの愛と真実』

1964年公開の「マイ・フェア・レディ」は、今でも「あの愛すべきおてんば娘と、息をのむほどの美しさはオードリー・ヘップバーンにしか表現できなかった」といわれる名作です。

しかし、オードリーにとっては苦い思い出が残る作品だったでしょう。

「マイ・フェア・レディ」の主役イライザは、オードリーに限らず、多くの女優たちが最もやりたがった役の1つです。ブロードウェイでその役を演じていたのは「サウンド・オブ・ミュージック」のジュリー・アンドリュースでした。

世界市場での成功には「尼僧物語」で素晴らしい演技を見せ、興行的にも成功したオードリーしかいないというのが映画会社の考えでした。オードリーにとっても念願の役だけに、歌のレッスンなどに励みますが、結果的に歌は吹き替えられてしまいます。「マイ・フェア・レディ」はアカデミー賞で主要8部門を受賞しましたが、オードリーは主演女優賞にすらノミネートされず、「メリー・ポピンズ」のアンドリュースが受賞するという屈辱を味わいます。

アンドリュースを讃《たた》えつつも、「悲しいし、がっかりしている」がオードリーの偽らざる思いでした。

WORDS OF AUDREY HEPBURN 32

すべての存在に愛情を持つ

あの馬を怒らないで！　悪いのは彼じゃないんだから

▼『オードリー・ヘップバーン物語』

「許されざる者」はオードリー・ヘップバーンにとって最初にして最後の西部劇ですが、撮影中、馬に乗るシーンでオードリーは大きなケガを負います。

オードリーは子どもの頃から乗馬の経験はなく、ましてや鞍《くら》をつけない裸馬に乗ったことなどありませんでした。

しかもその馬は、再会した父親（若い頃、乗馬の名人だった）によると、「最初から振り落とされるとわかっていた」葦毛《あしげ》の種馬でした。

しかし、そうとは知らないオードリーはスタントを拒否して練習を重ね、自分で馬に乗って撮影に臨みます。その結果、急停止した馬から振り落とされ、脊椎骨折などの大ケガを負ったのです。

それでも、単純骨折で運良く手術の必要がないと知ったオードリーは「あの馬を怒らないで」と訴えました。そして、共演者やスタッフに対して、「親愛なる皆さま、素晴らしい友達に、心から感謝します。あなたがたのためなら、私はまた同じことをするでしょう」（『愛と真実』）と伝言します。驚くことにオードリーは病室に夫の写真とともにその馬の写真まで飾っていたといいます。

動物にも温かい愛情を注ぐところがオードリーの魅力なのです。

WORDS OF AUDREY HEPBURN 33

時代に無理に合わせる必要はない

人々は女性が映画の中で美しいドレスを着ていて、すばらしい音楽が聴けた時代とわたしを結びつけます（中略）今は映画が人々を怖がらせます

▼『オードリー・ヘップバーン物語』

オードリー・ヘップバーンは１９６７年公開の「暗くなるまで待って」に出演した後、長い休息を経て１９７６年公開の「ロビンとマリアン」でようやくスクリーンに復帰します。その間、離婚と再婚、２人の子どもの出産といった私生活上の変化がありました。

映画から遠ざかっていたのは、子育ての時間が必要だったという理由もありますが、もう1つの理由として、映画の世界における大きな変化が考えられます。

１９６０年代後半から70年代半ばにかけて、映画界では政治や社会に対する反体制的なメッセージを盛り込んだアメリカン・ニューシネマが注目されました。観客に夢や希望を与えるような映画は時代遅れとなっていたのです。

当時のオードリーは、出演はしなくとも映画を観て考えることはしていました。「※時計じかけのオレンジ」を見た際には「我慢して見た映画はいろいろあるけれども、これほど残虐で冷酷な映画はない」と嫌悪感さえ示しています。

「（このような時代に）自分の居場所があるかどうか、私にはわかりません」というオードリーの言葉は率直な思いだったのでしょう。自分の個性を時代の流れに無理に合わせる必要はないのです。

※1971年に公開されたスタンリー・キューブリック監督のSF映画。近未来のロンドンで暴力、強盗、暴行など悪の限りを尽くす青年たちを描いた問題作。

WORDS OF AUDREY HEPBURN 34

順調なときほど心を休ませる

朝早く起きて、鎧戸《よろいど》を開け、高い山々の頂きや眼下の湖を眺めるのはとてもよい気分だった

▼『オードリー・ヘップバーン物語』

オードリー・ヘップバーンは、映画「ローマの休日」と舞台「オンディーヌ」で高い評価を獲得し、若くして世界的スターへと駆け上がりました。

しかし、それは同時に心身に対する極度の疲労をもたらします。体重は8キロ近く減り、喘息《ぜんそく》で呼吸をすることさえ苦しくなっていました。周囲は心配し、医者も舞台「オンディーヌ」の中止と休養を勧めます。

当初、オードリーはまだ舞台を続ける気でいました。しかし、医者の忠告に従い、後の夫となるメル・ファラーの勧めでスイスの保養地で休息をとることにします。

しかし、そこにはたくさんの記者やカメラマンが待ち構えていたため、1週間足らずで、同じスイスのルツェンコ湖を見下ろす避暑地ビュルゲンシュトックの山荘へと移りました。

新しい環境は風景も良く、気候も快適だったため、衰弱していたオードリーにとっては最高の場所でした。

「これほど心安らぐ場所は世界中どこを探してもありません」というほど気に入り、この避暑地をオードリーは「故郷」と呼ぶようになります。

忙しいときほど、人は強いストレスを受けて傷ついているものなのです。

WORDS OF
AUDREY HEPBURN

第四章

スターから女優になる

WORDS OF AUDREY HEPBURN 35

自分を育ててくれた原点を忘れない

演技についてのわたしのわずかな知識は、舞台をとおして学んだものだし、劇場からはまだまだ学ぶことがあると思います

▼『オードリーの愛と真実』

オードリー・ヘップバーンは元々バレリーナを目指していましたが、第二次世界大戦時のブランクもあり、イギリス時代はその夢を半ばあきらめていました。そして、写真のモデルや映画の端役、ミュージカル出演などをこなしていました。

いわば、「生きるため」の活動でしたが、そんなオードリーだけに、ブロードウェイやハリウッドで主役を務めることになったときは大いに戸惑っています。本格的な演技の勉強をしたことがなかったからです。そのため、舞台「ジジ」の出演にあたっては歌のレッスンや発声、台詞回しの厳しい訓練を受けています。

訓練を始めた頃、オードリーの声は観客席の最前列までしか届きませんでしたが、「昼も夜もなく練習に励みました。毎晩家に帰ると一語一語をはっきり大きな声で発音したものです。そうしてようやく遠くまで声が通るようになりました」と課題を克服しています。

自分を鍛えてくれた舞台には思い入れがあったのでしょう。オードリーは「ローマの休日」の成功後の契約の中に、映画と映画の間に舞台に出演することを認める条件を入れています。

舞台はオードリーにとって絶対にやめたくない「原点」だったのです。

WORDS OF AUDREY HEPBURN 36

圧倒的な努力が不安を消してくれる

わたしにとって、不安や劣等感をプラスに転じるための唯一の方法は、集中力のある強い性格を身につけることでした

▼『それでもあなたは美しい』

オードリー・ヘップバーンは「ローマの休日」によって圧倒的な成功を手にしますが、「私は本格的に演技を学んだことがない」という負い目を長く抱えてきました。経験が浅いにもかかわらず、舞台や映画では主役を演じ、かつ一流の役者たちと共演しなければならないという不安と常に戦っていました。

そんな不安を払拭するためにオードリーは自分に「圧倒的な努力」を課していました。あこがれのフレッド・アステアと共演するために周囲が心配するほどの長い時間をダンスのレッスンにあて、歌への不安があった「マイ・フェア・レディ」では「みなさんに納得していただくまでレッスンを受けます」とやはり長時間のレッスンに励んでいます。「暗くなるまで待って」では、数週間に渡って盲人教育を受けた結果、「彼女ほど真に迫って演じた者は1人もいなかった」という高い評価を得ました。

オードリーの世界的人気は容姿に負うところが多かったのも事実ですが、一方で「あんなに努力する人は見たことがない」と言われるほどの精進を重ねていました。努力に対する「自信」と、それをやり遂げる「強い性格」こそが、オードリーを成功に導いたのです。

WORDS OF AUDREY HEPBURN 37

自信がないときも前進する

人は成功すればするほど不安になるものだと思います

▼『オードリー・ヘップバーン物語』

オードリー・ヘップバーンは「ある時期、自分が大嫌いだった」と話しています。少女時代は背が高く、「みっともない自分の欠点」をどうしたらいいかわからなかったそうです。そして、人とうまくやっていけそうもない不安を感じながら、「よく落ち込んで、自分にひどく失望した」というのです。

そんな自信のない少女時代でしたが、「ローマの休日」以降は出演依頼が次々と舞い込み、忙しい日々が続きます。

元々大きな野心や上昇志向と縁がなかったというオードリーですが、それでも主役として映画に出演し、またアカデミー賞やトニー賞を受賞するほどになると、自信がついたり、自信が揺らいだりという精神状態を繰り返していました。

こんなふうに話しています。

「映画を一本撮るごとに、自信がつく、また失う、の繰り返しでした。撮影がひとつ終わると、もう2度と映画には出ないわ、と思ったものです」(『それでもあなたは美しい』)

世の中には自信満々に見える人がいますが、どんな人でも不安が完全に消えてなくなることはありません。その不安を少しでも拭い去ろうとして、前進する営みが努力なのです。

WORDS OF AUDREY HEPBURN 38

テクニック以上に感性を磨こう

人殺しのテクニックを必要としたことはないけど、充分に感じさえすれば人を殺すことだってできます

▼『オードリー・ヘップバーン物語』

オードリー・ヘップバーンは元々がバレリーナを目指していただけに、本格的な演技の勉強をしたことがありません。そしてそのことをずっと気にかけていたようで、「お芝居なんてできないのに、お芝居をするように言われたし、歌なんて歌えないのに『ファニー・フェイス』を歌うように言われたし、ダンスなんてできないのにフレッド・アステアとダンスをするように言われた。そのほかに、予想していなかったこと、練習していなかったことをするように言われたわ。だから、最善を尽くして自分を納得させるしかなかったのね」(『エレガントな女性になる方法』)と振り返っています。

しかし、実際のオードリーの演技は多くの人を惹きつけ、魅了するものでした。その秘密は「私は今も40年前と同じやり方をしています。つまりテクニックではなくフィーリングで演じるんです」と話しているように、「磨きぬいた感性」にありました。

晩年、オードリーは『アンネ・フランクの日記』の朗読に挑んでいますが、それは人々に「胸が張り裂けそう」なほどの感動を呼んでいます。オードリーが磨いた感性の演技には、人々の心に強く訴えかける力がありました。

WORDS OF AUDREY HEPBURN 39

才能は生き方で決まる

私は「才能を神様から授かった」などと思っていません。私は自分の仕事が好きでした。だから最善を尽くしました。それだけのことです

▼『オードリー　リアル・ストーリー』

「最初からこの身体と技術があったわけではありません」はメジャーリーグで大活躍する大谷翔平の言葉です。

大谷のような成功者を見ると、人は「才能があるから」「あの体だから」と、特別な存在であるかのように語りがちです。

もちろん、素質はあったのでしょう。けれども、成功は圧倒的な努力があったからこそなのです。

オードリー・ヘップバーンはたしかに初主演の「ローマの休日」で世界中の人たちを虜にしました。

しかし、そこで満足して、その後の努力を怠ったとしたら、舞台「オンディーヌ」を見た批評家が評したように「素晴らしい出発点が、到着点になっていた」かもしれません。

たとえ優れた才能や素質に恵まれていたとしても、「それは単なる所有物ではなく、責任でもある」(『オードリー・ヘップバーン物語』上)が批評家からオードリーへの忠告でした。

実際、オードリー自身、才能や素質だけでやっていける世界ではないことをよく理解していました。チャンスは神様が与えてくれたものですが、ベストを尽くしたからこそ、オードリーは20世紀を代表するスターになれたのです。

WORDS OF AUDREY HEPBURN 40

絶対に守りたいものには
頑固であっていい

わたしが生きているうちは、ぜったいにそんな
ことはさせません

▼『それでもあなたは美しい』

オードリー・ヘップバーンの歌に関しては、「マイ・フェア・レディ」でマルニー・ニクソンの吹き替えに変えられたように、スタイルや演技ほどには高い評価が与えられていません。たしかにオードリーは歌手として本格的な訓練を受けたことはありませんし、オペラを歌えるほどの声量に恵まれていたわけではありません。

それでも「ティファニーで朝食を」で非常階段に座って、ギターを爪弾《つまび》きながら歌った「ムーン・リバー」は、名曲として映画の大ヒットに貢献しました。

ところが、そんなシーンも、映画自体が長すぎたこと、映画会社の社長がオードリーの歌唱力に疑問を持っていたことから、一時は「あの歌はカットしろ」と言われ、お蔵入りになる恐れがありました。

作曲家のヘンリー・マンシーニたちが戸惑うなか、オードリーは「私が生きているうちは、絶対にそんなことはさせません」と強く主張、そのまま使われることになったのです。オードリーはスターだからとわがままを言ったり、傲慢な態度をとったりすることはありませんでした。

それでも大切なことに関しては、決して譲らない芯の強さを持っていました。

絶対に守るべきものがあれば、NOを言ってもいいのです。

WORDS
OF
AUDREY
HEPBURN

41

徹底したこだわりが
最高の感動につながる

それを止めてくださらない。シスター・ルーク
は聴くことを禁じられていますから

▼『オードリーの愛と真実』

1959年公開の「尼僧物語」は、他のオードリー映画とはテイストが違いますが、映画評論家の淀川長治は「私はこの『尼僧物語』のある限り、オードリーの生命はさらに長く強く健全だと信じる」と高く評価しました。

「尼僧物語」を演じるにあたり、オードリーはカメラの前だけで演じるのではなく、24時間この役にのめり込んだと言われています。オードリー演じるシスター・ルークは戒律で鏡を見ることを禁じられていました。そのため、オードリー自身も決して鏡を見ようとはしませんでしたし、娯楽や華美な服装を避け、尼僧のように質素な食事をしていました。

あるときオードリーの退屈を紛らわそうとメイク係がレコードをかけたところ、オードリーは「それを止めてくださらない。シスター・ルークは聴くことを禁じられていますから」と頼んでいます。

こうした役づくりの結果、「ミス・ヘップバーンは非常に深い、複雑な内面の感情を表現しうる才能を発揮する」「彼女のシスター・ルークは映画史上最高と言っていいだろう」といった、高い評価を得ることに成功したのです。

役に対するストイックな取り組みが、最高の感動をつくり出したのでした。

WORDS OF AUDREY HEPBURN

42

変化が激しくても自分自身を信じよう

自転車に乗るのとは訳が違います。「ひとりでに」勘が戻ることなんてありません

▼『リアル・ストーリー』

1967年以降映画から遠ざかっていたオードリー・ヘップバーンの復帰作は76年公開の「ロビンとマリアン」です。それ以前にも多くの企画がオードリーの元に届けられていましたが、「あまりに異常か、暴力的か、私には若すぎるものばかり」で実現しませんでした。

一方、「ロビンとマリアン」は、老いたロビン・フッドがマリアン姫と会う物語であり、オードリーは「2人の人間がどれほど愛し合っているかという映画であり、親しみの持てるもの」として出演を決めています。

その意味では「ロビンとマリアン」はオードリーにとっては「待っていた甲斐がある」作品と言えました。

しかし、オードリーが遠ざかっていた間に映画の世界にはさまざまな変化が起きていました。監督のリチャード・レスターは猛烈な早撮りで知られ、それまでのオードリーの知る仕事のやり方では対応できませんでした。複数のカメラでの撮影にも慣れず、さらにはオードリーが大切だと思っていた台詞のカットを巡っての対立も起きました。

オードリーの勘はすぐには戻らず、「頼れるのは自分1人」という孤独な思いを痛感した撮影でした。

WORDS
OF
AUDREY
HEPBURN
43

覚えるのではなく理解する

ただ読みなさい。覚えようとしないで。でもその前にまず台詞の中に出てくるたくさんの病気がどんなものなのか、どこが痛むのかを知らなくちゃいけないわ

▼『母、オードリーのこと』

作家の倉本聰はドラマの脚本を書くときに、登場人物1人ひとりの細かな年表をつくるそうです。そうすることで登場人物がなぜそのように考え、行動するのかが明確になるからです。台詞1つひとつにその人の人生と意味があるのです。

オードリー・ヘップバーンの息子ショーンが12歳のとき、学校の演劇でモリエールの「病は気から」を演じることになったときのことです。長い独白のシーンがあり、台詞を覚えるのに苦労したショーンがオードリーにアドバイスを求めました。オードリーはこう答えました。

「覚えようとしないで、ただ読むこと」

「夜、明かりを消す前に台詞を読み、朝、目を覚ましたときにもう一度読むこと」

さらに、台詞に出てくる病気について詳しく知りなさいと助言しました。

ショーンは義理の父親で医者のアンドレア・ドッティに病気のことについて詳しく教えてもらったうえで、オードリーのアドバイスを実行、無事に演じることができました。

オードリーは映画でもユニセフの活動でも徹底的に下調べをすることを習慣にしていました。物事に対する深い理解があってこそ、人に感動を与えることができるのです。

WORDS OF AUDREY HEPBURN 44

人は変わることで成長できる

あらゆる因習には硬直作用がある。わたしは硬直は避けるべきだと思う――それはひとを老化させる

▼『オードリー・ヘップバーン物語』

オードリー・ヘップバーンは「ローマの休日」の成功により、品の良い美しさを持つ「妖精」と呼ばれるほどのイメージをつくり出しました。

以来、結婚をして出産をしても、そのイメージが大きく変わることはありませんでした。実際、当時のオードリーの考え方は「人それぞれに自分のスタイルというものがある。一旦それを発見したら、最後までそれを貫き通すべきだと思う」というものでした。

こうした考え方から14作目の「おしゃれ泥棒」まで自分のスタイルを貫いたオードリーでしたが、15作目の「いつも2人で」では大きな変化に挑戦しました。

「10年前なら、いや5年前でもこの脚本が私のところへ持ち込まれることは考えられなかっただろう」と語っています。

結果は大成功でした。

「いつも2人で」のオードリーの演技は「生涯のベストだ」というほどの評価を得ますが、次の作品「暗くなるまで待って」の評価はさらに高まります。

オードリーは「お嬢さん女優」から本物の女優となったと言われ、オスカーにもノミネート（5回目）されました。

スタイルが確立された後でも、変化に挑むことでさらに飛躍できるのです。

WORDS OF AUDREY HEPBURN 45

年齢にあらがうことなく自然に生きる

一生、主演女優を続けることはできない。だから、いずれ脇役の話がきたら、きっとわたしはわくわくすると思うの

▼『オードリーの愛と真実』

オードリー・ヘップバーンは1953年公開の「ローマの休日」から、1981年公開の「ニューヨークの恋人たち」まで19本の映画に出演していますが、そのすべてが主役であったという稀有な俳優です。これは奇跡としか言いようがありません。

どんな役者であれ、若い頃には下積みの時代がありますし、ある程度の年齢になれば脇に回ることもあるでしょう。

一方、オードリーの場合は、50代になってなお「ニューヨークの恋人たち」で「しゃれたロマンティック・コメディ」を演じ、成功をしています。

とはいえ、オードリー自身、自分が変わっていくのはわかっていたのでしょう。「一生18歳でいられるわけがないって、自分に言ってやらなきゃ」と親友に話しています。だからこそ、白髪もシワも隠そうとはせず、自分の変化をしっかりと受け止めていたのです

最後の映画となった「オールウェイズ」では、個性的な脇役として登場、自分はまだいい映画に出られると実感したことが晩年の行動力につながっていきます。

人には人生のそれぞれの段階で与えられる役割があります。その役割を受け止めることで、何歳になっても輝けるのです。

WORDS OF
AUDREY HEPBURN

第五章

幸せな家庭を夢見て

WORDS OF AUDREY HEPBURN 46

結婚するタイミングに唯一の正解はない

いつかは夫を持つ贅沢が許されるときがくるかもしれません。今はその時間がないのです

▼『オードリー・ヘップバーン物語』

オードリー・ヘップバーンは生涯において二度の結婚と二度の離婚を経験しています。結婚への願望は強く、22歳のときに出会った富豪ジェームズ・ハンソンとは1951年に結婚する予定でした。

ところが、「ジジ」でブロードウェイの主役を務めたり、映画の撮影に参加したりと多忙な日々が続くなか、母親のエラや映画会社の忠告もあり、「ローマの休日」の公開前に婚約を解消します。

当時のオードリーはさまざまな理由を口にしましたが、両親の離婚を見て、結婚に対する恐れが生まれたのでしょう。

「突然ひどい奥さんにしかなれないことがわかった」とも話しています。

「仕事にも恋をしているのにジェームズと結婚するのは、彼に対してアンフェアだと感じたのです」と相手を思いやる発言をしたこともあれば、「結婚したら、少なくとも1年間は仕事をすべて辞めて奥さん業に専念したかったのです」と率直な思いを打ち明けたこともあります。

しかし、それ以上に強かったのは「本当にいい女優になれたと思えるまでは、この決心（結婚をしない）を変えられません」という仕事への決意でした。その言葉通り、オードリーはスターへの道を駆け上がっていくのです。

WORDS OF AUDREY HEPBURN 47

どんな場所でも居心地よく整える

わたしたちはカタツムリのように家を背負って歩く

▼『オードリー・ヘップバーン物語』

オードリー・ヘップバーンは1954年、メル・ファラーと結婚しますが、以来、オードリーは可能な限りメルと一緒に過ごすようになります。

自宅以外で過ごすときは、当然、家を借りたり、ホテルに宿泊したりしましたが、そんな仮住まいの場所であっても、「そこが我が家」と言えるような環境につくり変えてしまうほどのこだわりを見せていました。

ある記者によると、オードリーはどこへ行くにも自分のお気に入りの枝つき燭《しょく》台《だい》、銀食器、レコード、絵などを詰め込んだトランクを持参して、白のテーブルクロスやベッドシーツ、手編みの毛布、陶器のセット、花瓶、灰皿まで持ち込んだといいます。

その結果、2人の荷物はトランク50個にもなり、それは「まるで王室の亡命だった」と言われるほど大掛かりなものでした。

しかも、オードリーはこれらを自分で荷造りして一覧表をつくり、同じ順番でしまい、同じ順番で取り出せるようにしていたというから驚きです。

オードリーにとって夫と過ごす空間は「居心地のいい家」であり、そのこだわりは絶対に守りたいものだったのです。

WORDS OF AUDREY HEPBURN 48

つらいときこそ夢中になれることに邁進する

わたしは忘れるために仕事をしなければならない。仕事だけがわたしを助けてくれる

▼『オードリー・ヘップバーン物語』

オードリー・ヘップバーンは1954年、25歳でメル・ファラーと結婚していますが、いつも望んでいたのは子どもを持つことでした。

「記憶にある限りの最も早い時期から、私が何よりほしかったのは赤ちゃんだった」と話しているように、自分の子どもを産むことは、両親の離婚や父親の失踪というつらい経験をしてきたオードリーにとって、何よりの望みだったのです。

しかし、現実は思うようにいかず、最初の子どもショーンを授かるまでに二度の流産を経験しています。

1959年、妊娠中のオードリーは「許されざる者」の撮影中に落馬をして、肋《ろっ》骨《こつ》を4本折るという大ケガをします。お腹の子どもに悪影響を与えたら困るからと、あらゆる鎮痛剤を断り、苦痛に耐えて治療を受けますが、撮影を終えた直後に流産するという悲劇に見舞われました。

幸い直後に再び妊娠、ショーンが誕生しますが、オードリーは厳しい現実に直面すると、何事もなかったかのように仕事を続けることで悲しみを乗り切っています。

オードリーにとっての仕事は、つらい出来事からの「避難所」だったのかもしれません。

WORDS OF AUDREY HEPBURN

49

本当に大切なものは何かを考えよう

映画の仕事を離れてさびしい思いをするか、それとも子どもたちと会えなくてさびしい思いを噛みしめるか、その選択はとても簡単でした

▼『母、オードリーのこと』

今の時代は、女性が結婚後や出産後も仕事を続けるというのは普通のことになりつつあります。

しかし、オードリーが結婚した1950年代は、女性は結婚したら仕事を辞めて家庭に入るもの、ましてや出産したら育児に専念するのが当たり前と考えられていました。

それでもオードリー・ヘップバーンのようなハリウッドスターともなると、話は別です。

結婚や出産で長いブランクが生じるだけに映画会社はもちろんのこと、本人にとっても「映画か育児か」で大きな決断を迫られることになります。

実際、最初の子どもであるショーンが生まれたとき、オードリーは撮影期間やロケ場所などさまざまな工夫をしながら映画への出演を続けていきます。

しかし、ショーンが小学校に通う年齢になり、撮影セットで一緒に過ごすことが難しくなると、オードリーは家庭を重視するようになりました。

映画の仕事を離れる寂しさをとるか、子どもと会えなくなる寂しさをとるかという選択を迫られ、前者を選んだのです。

オードリーはいつだって「息子たちに夢中」でした。

WORDS OF AUDREY HEPBURN 50

子どもにありったけの愛を注ぐ

すべての新米の母親と同じように、わたしも最初はこの子がほんとに自分の子供で、ほんとに自分の手もとに置いておけるのだとは信じられなかった

▼『オードリー・ヘップバーン物語』

オードリー・ヘップバーンは女優としての輝かしい成功を手にしながらも、それ以上に家庭の幸せを求めていました。「記憶にある限りの早い時期から、私が何よりもほしかったのは赤ちゃんだった」と話すくらいでしたから、子どもを持つのはオードリーにとって切実な願いだったのでしょう。

初めての妊娠（結果は流産でしたが）のとき、「麗しのサブリナ」が成功し、二度目のアカデミー主演女優賞にノミネートされたのに、こう話しています。「もし赤ちゃんができたら、これ以上素晴らしいことはないでしょう。私の成功なんかよりずっと素晴らしい」（『それでもあなたは美しい』）

それだけに1960年1月、30歳のときにショーンが生まれた際は、「赤ちゃんを見せて、すぐに見せて」と分娩室の看護師に叫ぶほど喜んでいます。オードリーは寂しい幼少期を過ごしただけに、「外出して帰って来てもまだ彼がいる」ことに驚き、「ショーンにはいろんな国々のいろんな人々に会わせたい」と早くから夢を口にしていました。

親から十分な愛を得られなかったオードリーは、自分の子どもたちにはあふれんばかりの愛情を注いだのです。

WORDS OF AUDREY HEPBURN 51

人は全力で走り続けることはできない

わたしは十二歳から三十八歳まで休みなしに働いてきた。そろそろゆっくりして、朝寝坊もしてみたい

▼『オードリー・ヘップバーン物語』

オードリー・ヘップバーンは、早くに両親が離婚したこと、第二次世界大戦ですべてを失ったことから、若い頃から働くことを苦にせず、目の前のどんな小さなチャンスでもつかもうとしていました。

最初の夫であるメル・ファラーはこう振り返っています。

「母親と自分自身の生活のために、『ローマの休日』以前から休みなしに働いてきた。ミュージカルとキャバレーで踊ってきた。ときおり端役で映画に出演していた」

「ローマの休日」に出演した頃、オードリーが感じたのは「スターと呼ばれるってことは、決して疲れていられないってこと、絶対に」『オードリーの愛と真実』）でした。

以来、オードリーは14年間に15本の映画に出演しますが、「暗くなるまで待って」を最後に8年超の休養に入ります。

「私は12歳から38歳まで休みなしに働いてきた。そろそろゆっくりして、朝寝坊もしてみたい」。トップスターとして走り続けてきたオードリーの偽らざる気持ちでした。この「休養」は、次男ルカの育児に充てられました。長男ショーンには、映画撮影のためにしてやれなかったことがたくさんあったからです。

走るのをやめて立ち止まると、そこから新しい風景が見えてくるのです。

WORDS OF AUDREY HEPBURN

52

家族が安らげる場所をつくる

わたしは家庭を陽気で楽しい場所に、この荒々しい世の中からの避難所にしたい

▼『オードリー・ヘップバーン物語』

オードリー・ヘップバーンの子ども時代、家庭は安らげる場所ではありませんでした。

経済的に恵まれていても、両親の仲は悪く、2人はいつも対立していたのです。

険悪な家庭環境は幼いオードリーを不安にさせ、「口に入れるものならチョコレートでもパンでも、自分の爪でも良かったの」（『オードリーの愛と真実』）という不幸な時代を送っています。

だからこそ、オードリーは幸せな家庭を望みますが、最初の結婚相手であるメル・ファラーとの結婚は14年間しか続きませんでした。

1969年、オードリーはアンドレア・ドッティと再婚、2人目の子どもとなるルカを出産します。ルカが産まれた後、オードリーは映画の世界から距離を置き、「主婦業」に専念しました。こう話しています。

「あなたが選ぶ花、あなたが聴かせる音楽、あなたが浮かべる笑顔が大切なのだ。私は家庭を陽気で楽しい場所に、この荒々しい世の中からの避難所にしたい。夫や子どもたちが帰ってきた時に、不機嫌な妻や母親ではいたくない」

オードリーにとって守るべきはスターの座以上に安らげる家庭だったのです。

WORDS OF AUDREY HEPBURN

53

子どもへの愛情よりも大切なものはない

あなたたちはわたしが作り出した二つの最高の創造物よ

▼『オードリー・ヘップバーン物語』

オードリー・ヘップバーンには1960年に生まれたショーンと、1970年に生まれたルカという2人の子どもがいます。

ショーンのときは幼い息子と一緒に過ごす時間を大切にしながら何本もの映画に出演していますが、ルカが生まれてからは、ショーンのとき以上に多くの時間を一緒に過ごすために、映画への出演はせず、母親業に専念しています。

素晴らしい才能を持ったオードリーが映画に出演しないことを惜しむ人たちに、こう言っています。

「私は自分の仕事を大切に思い、最善を尽くした。けれども今は、誰からも何も奪うつもりはありません。私の家族、夫、2人の大切な子どもたちが、受けるべき愛情を奪われることにはしたくないのです」(『彼女の素顔がここに』)

この時期、オードリーは母親の役割にエネルギーを注ぎました。

子どもの宿題を手伝ったり、本を読んでやったり、映画に連れて行ったり、車を運転して友だちの家に送ったりと、世間の母親が子どもにすることを当たり前のようにやっています。

オードリーにとって2人の子どもは「最高の創造物」だったのです。

WORDS OF AUDREY HEPBURN 54

人生には出会いがあれば別れもある

人は誰かを心から愛したとき、すべてがうまくいくという希望をもちます。けれどいつもうまくゆくとは限らないのです

▼『それでもあなたは美しい』

アメリカでは「婚前契約」という考え方があります。

結婚する2人が離婚することになった際に、財産をどのように分割するかを事前に決めておくのです。こうすることで、財産分割などに関する争いを避けることができるのです。

オードリー・ヘップバーンは幼い頃に両親が離婚しているだけに、いつも離婚を恐れていました。

メル・ファラーとの離婚については、後年、オードリーは「胸を鋭く刺すような失望感がありました。私は善人の2人が互いに愛し合っていたら、どちらか死ぬまで添い遂げるものと考えていました」（『リアル・ストーリー』）と振り返っています。

2人目のアンドレア・ドッティとの離婚でも「結婚というものへの敬意から、必死でそれにしがみついていました」と話し、「結婚がいつもうまくゆくとは限らない」という寂しさを吐露しています。

結婚がどのような形で終わりを迎えるかは誰にもわかりません。

しかし、出会いと別れは何も特別なことではないという意識を持っていれば、もっと楽に人生を歩んでいけるのかもしれません。

WORDS
OF
AUDREY
HEPBURN

55

形式ではなく
心のつながりを大切にする

わたしたちは一緒にいなければならないからではなく、一緒にいたいからそうしているのです

▼『オードリー・ヘップバーン物語』

オードリー・ヘップバーンは生涯に二度の結婚と二度の離婚を経験しました。

1954年、メル・ファラーと結婚、1968年に離婚しています。

翌年、アンドレア・ドッティと再婚しますが、1982年に離婚しています。

その後、7歳下のロバート・ウォルダーズと出会い、パートナーとして一緒に暮らし始めますが、結婚することはありませんでした。

1人目の夫メルも、2人目の夫アンドレアもどちらかと言えば支配的な男性で、オードリーを導こうとしました。

しかし、ロバートはオードリーをサポートし、望みを叶えてあげたいと考える男性でした。

そのためオードリーは彼を心から信頼することができたと言います。だからこそ「結婚」という形式にはこだわらなかったのでしょう。

「結婚」という形式にこだわると、2人の関係は「一緒にいなければならない」ものとなります。

しかし2人が信頼という絆でつながっていれば、関係性は対等になり、安心できるものになります。

実際、オードリーの晩年は安らぎに満ちたものでした。

WORDS OF AUDREY HEPBURN 56

仕事でプライベートをさらす必要はない

わたしはプライヴァシーを大切にする

▼『オードリー・ヘップバーン物語』

メジャーリーグで活躍する大谷翔平は野球以外のプライベートを報道されないように、一部のマスコミの取材を規制したことが話題になりました。

いつの時代も有名人のプライバシーは好奇の目にさらされます。もちろん、オードリー・ヘップバーンも例外ではありませんでした。

世界的な有名人になったことで、オードリーも結婚や離婚のこと、家族のことなどを事細かく記者に質問され、書き立てられることに心底うんざりしていたようです。

取材については、こう話しています。

「私は内向的な人間なのです。長い間にはこうした騒ぎにも慣れただろうと思われるかもしれませんが、実際にはいつまでたっても慣れることができないのです」

やがてオードリーは、インタビューを30分で切り上げたいと考えるようになります。最初の頃の質問は仕事に関することであっても、長くなるにつれ個人的な質問が増えるからです。

それは家族を世間から守るという強い意志の表れだったのでしょう。

仕事とプライベートはまったく別のものであり、区別しなければならない。それがオードリーの生き方でした。

WORDS OF AUDREY HEPBURN

第六章

世界の子どもたちのために

WORDS OF AUDREY HEPBURN 57

自分の力を困っている人のために使う

自分が有名になったのが、何のためだったのか、今やっとわかったからです。多くの人々にユニセフを知ってもらい、世界の子どもたちを救うためだったのです

▼『それでもあなたは美しい』

オードリー・ヘップバーンの生涯について、友人のレスリー・キャロンはこう語ります。

「彼女のキャリアは2つの章に分けることができる。第1章では望みうるすべての栄光を手に入れ、第2章では手に入れたものをすべて還元した」

オードリーは1981年、「ニューヨークの恋人たち」を最後に映画の世界を離れています。以後も映画や映像、舞台に関わる仕事はいくつかこなしていますが、事実上の引退でした。映画女優としてこれほどの成功を収めただけに、後は優雅な引退生活を送ることもできたはずですが、オードリーは1987年、ユニセフの親善大使に就任します。

ユニセフはユネスコとは違って国連の一般予算からの割り当てはなく、自力で資金を調達しなければなりません。ユニセフの親善大使も交通費と宿泊費以外はすべて自己負担。内戦が続き、病気のまん延する国への訪問だけに肉体的精神的なリスクも大きなものがあります。

にもかかわらず、オードリーは任務を引き受け、8回の訪問をこなしました。

持てる者は持たざる人々のために尽くす道徳的義務がある。それがオードリーの考え方でした。

WORDS OF AUDREY HEPBURN 58

つらい経験が人を助ける動機になる

それは戦争が終ったときのわたしとまったく同じだった。年齢も——三つの病名も

▼『オードリー・ヘップバーン物語』

オードリー・ヘップバーンが映画の仕事から遠ざかった後、多くの時間をユニセフの活動に費やしたのはある意味、必然だったといえます。

1945年4月、オードリーが暮らすオランダのアルンヘムはようやくナチスの支配から解放されます。何週間も地下室で暮らしていたオードリーは16歳で身長168センチながら体重はわずかに41キロ。喘息《ぜんそく》や黄疸《おうだん》に加え、栄養不足が原因の貧血症や水腫、大腸炎などにかかっていました。

イギリス兵に貰った救援物資は、食べてもすぐに吐いてしまいますが、たくさんの食べ物や支援物資は「私たちが夢にまで見たすべてだった」と当時を振り返っています。

やがてユニセフの親善大使となり、スーダンやバングラデシュ、ベトナムなどを視察に訪れたオードリーは、難民キャンプで横たわる少年が栄養失調で急性貧血や呼吸障害、浮腫《むくみ》に苦しんでいると知り、「戦争が終わったときの私とまったく同じ」だと驚きます。

自身がユニセフによる食料や医療援助を受けたからこそ、戦争や紛争に苦しむ子どもたちは、決して放っておくことができない存在だったのです。

WORDS OF AUDREY HEPBURN 59

平和への思いを発信する

アンネ・フランクの思い出が現在も将来も永遠にわたしたちとともにあるのは、彼女が死んだからではなく、希望と、愛と、とりわけすべての許しの不滅のメッセージを私たちに残すのに充分な時間を生きたからなのです

▼『オードリー・ヘップバーン物語』

アンネ・フランクはオードリー・ヘップバーンと同じ1929年に生まれています。ドイツで生まれ、ナチスによるユダヤ人迫害から逃れるためオランダに亡命しますが、1944年に隠れ家を発見され、強制収容所に送られ、翌年、病気のために15歳で亡くなります。アンネの隠れ家生活は2年間に及び、その間に書かれた日記を元に終戦後に発表されたのが『アンネの日記』です。

オードリーはユダヤ人ではありませんが、アンネと同じ年に生まれ、同じ国に暮らしただけに、『アンネの日記』を読むだけで「胸が引き裂かれるようだった」

といいます。そのため映画化の話が持ち込まれても受けることはありませんでした。しかし、60歳を過ぎた1990年、慈善コンサートで『アンネの日記』の朗読に挑みます。その見事な朗読は批評家たちが絶賛し、聴衆を感動の渦に巻き込んでいます。

アパルトヘイトと戦い、のちに南アフリカ大統領となったネルソン・マンデラは『アンネの日記』を読み、決して希望を失わなかったといいます。オードリーがあえて朗読に挑んだのは、戦争や差別のない世界を願い続けたアンネの思いを人々に伝えるためでした。

WORDS OF AUDREY HEPBURN 60

苦しむ人を助けたいと思うのは当然である

それじゃまずあなたのお孫さんから始めましょう。お孫さんが肺炎になっても抗生物質を買わないでください。事故に遭っても病院へ連れて行かないでください

▼『オードリー・ヘップバーン物語』

オードリー・ヘップバーンは1987年、58歳のときにユニセフの親善大使に就任し、翌年のエチオピアへの視察を皮切りに4年間で8回の視察旅行に出かけています。オードリーはハリウッドを代表する名女優であり、世界的に人気もあっただけに、各国の募金活動の大きな推進力となりました。そして何より、オードリーが飢餓に苦しむ国々や地域を訪ねることが、こうした人たちを救う実効的な力になったのです。

一方、有名人の慈善活動に対しては冷ややかな目を向ける人たちがいるのも事実です。ある人がオードリーに対して「あなたのしていることは、実はまったく無意味なことです」と訳知り顔で意見したことがあります。苦しみは昔からあるものであり、子どもたちを助けることは、ただ苦しみを長引かせるだけ、というのです。

するとオードリーは「あなたのお孫さんが肺炎になっても抗生物質を買わないでください。事故に遭っても病院に連れて行かないでください」と反論します。

苦しむ人がいれば、助けるのが当然であり、それを無意味というのは人間性に反するというのがオードリーの考え方でした。

WORDS OF AUDREY HEPBURN 61

戦争論ではなく平和学こそ学ぶ価値がある

戦争を教える学校があるのに、私たちはなぜ平和を学べないのでしょうか？

▼『オードリー・ヘップバーン物語』

オードリー・ヘップバーンは第二次世界大戦中、ナチスに5年にわたり占領されたオランダで生き延びるという経験をしています。それだけに、戦争を憎む気持ち、平和を願う気持ちはとても強いものがありました。その思いがユニセフでの活動によって大きくなっていきます。

やがてユニセフの親善大使としてスピーチ原稿を自分で書くようになったオードリーはエチオピアやソマリアの惨状を目にして、こう問いかけます。

「戦争学はありますが、不思議なことに平和学はありません。戦争を教える学校があるのに、私たちはなぜ平和を学べないのでしょうか？」

第二次世界大戦後、戦争の回避や防止を目的として「平和学」の研究は進みつつあったものの、「戦争は天災ではなく、人間が生み出した悲劇であり、人間によって解決するしかない」（『それでもあなたは美しい』）と考えるオードリーにとって、国際社会の取り組みは満足のいくものではなかったのでしょう。

たしかに「孫子の兵法」やクラウゼビッツの『戦争論』はあっても、それに匹敵する「平和の本」は少ないかもしれません。それでも私たちは平和について考え、学んでいく必要があるでしょう。

WORDS OF AUDREY HEPBURN

62

本当にやりたいことは「天からの贈り物」である

犠牲というのは、したくないことのためにしたいことを諦めるということでしょう。これは犠牲ではないのです。わたしが授かった贈り物です

▼『それでもあなたは美しい』

オードリー・ヘップバーンは1987年にユニセフの親善大使となり、4年間で8回の視察旅行に出かけています。

そのなかにはソマリアへの訪問のように「地獄を見てきたわ」と話すほどのつらく厳しい視察もありました。

そのため、息子のショーンによれば、1回の旅に出かけると、時差ボケを治し、疲れをとるために数週間の休養が必要だったといいます。そして再び旅に出る母を見て、ショーンはいつ休みを取るつもりなのかと不安も感じたといいます。

そんなオードリーに対して、「あなたは自分の時間を犠牲にしているのではないか」「もっと映画の仕事をすればいいのに」という声もありました。

しかし、オードリーは「これは犠牲ではなく、私が授かった贈り物です」「私よりもたくさん働く人もいますが、自分がしていることも大切なのだと分かっていますから、私は幸せです」と意に介することはありませんでした。オードリーは自らの信念の下に行動していたのです。

まわりから見ると大変なことに思えても、自分が心の底から信念をもって行動しているとき、それは我慢や犠牲、強制ではなく、天からの素晴らしい贈り物のように感じられるでしょう。

WORDS OF AUDREY HEPBURN 63

行動には他人を動かす力がある

教育、経済、政治、宗教、伝統、文化のエキスパートであることが望ましいでしょう。わたしはそのどれでもありません。でもわたしは母親であり、旅することをいといません

▼『オードリー・ヘップバーン物語』

世の中には豊富な知識を持ち、社会的な課題について上手に話す人がいます。しかし、このような人が実際に課題を解決できるのかというと、それはまた違うようです。語ることと行動することの間には大きな開きがあるものです。

オードリー・ヘップバーンは女優の仕事を離れた後、4年間で8つの地域や国を訪問しています。マスコミからは「あなたはユニセフのために実際はどんなことをしているんですか?」という質問が飛ぶことがありました。教育、経済、政治、宗教、伝統、文化のエキスパートでもない、ただの女優が現地に行って何ができるのか、という問いかけです。

この質問に対し、オードリーは自分がエキスパートではないことを認めたうえで、しかし「母親であり、旅することを厭《いと》わない」と答えています。

インターネットが身近でなかった時代、オードリーという有名人が現地に行けば、マスコミはその惨状を世界に発信します。それを見た人たちは「何かをしなければ」と考えるのです。オードリーは言います。「愛は行動なのよ。言葉だけではダメ」と。

オードリーの行動には知識や言葉以上に国や人々を動かす力があったのです。

WORDS OF AUDREY HEPBURN 64

人を区別せず対等に見る

〝第三世界〟という言葉が私はあまり好きではありません

▼『オードリー・ヘップバーン物語』

今日ではほとんど使われなくなった「第三世界」という言葉があります。

これは第二次世界大戦後の冷戦時代に使われるようになった言葉で、「第一世界」がアメリカや日本、ヨーロッパなどの西側の同盟国とすれば、「第二世界」は当時のソ連や中国、東欧諸国など。そして、このどちらにも属さない、東南アジアやアフリカの国々などが「第三世界」と呼ばれていました。

第一世界が資本主義国、第二世界が共産主義国となりますが、第三世界には工業化が進まず、経済発展が遅れた貧しい国々がたくさんありました。


こうした分け方はその後のソ連の崩壊やベルリンの壁の崩壊、さらにはBRICSの経済発展によって意味のないものとなりました。しかし、オードリー・ヘップバーンがユニセフの親善大使として活動していた1990年前後には貧しい第三世界を蔑《さげす》むような見方はまだ残っていたのです。

オードリーはこのような見方に否定的でした。

苦しんでいるのは同じ「人類」です。富める国にも貧しい人々はいます。オードリーにとって世界は分断されたものではなく、1つだったのです。

WORDS OF AUDREY HEPBURN 65

立ち止まって考えるより まずは動き出そう

あなたは通りに走り出て、車に轢《ひ》かれた子どもを見つけます。そんな状況で、事故は誰の過失かとその場に立ち止まって考えるでしょうか？

▼『母、オードリーのこと』

心理学者のアルフレッド・アドラーはこんな話をしています。雑踏で足を滑らせ、立ち上がれない老人を人々が傍観するなか、ある人が駆け寄って助けます。それを見ていた人が、とうとう立派な人が現れたと助けた人を讃《たた》えましたが、本来、その人こそ行動を起こすべきであり、「他の人が協力的かどうかなど考えることなく、あなたが始めるべきだ」と。

オードリー・ヘップバーンがユニセフの親善大使として貧しい子どもたちを救おうと世界各国を飛び回っていたとき、ある人が、こんな質問をしました。

子どもの貧国は戦争や政治闘争のせいなのに「なぜそんなに必死に働くのか」と。オードリーはこう答えます。

「あなたは通りに走り出て、車に轢《ひ》かれた子どもを見つけます。そんな状況で、事故は誰の過失かとその場に立ち止まって考えるでしょうか？　運転手のスピードの出し過ぎか、子どもがボールを追いかけて飛び出したのかと考えてからでないと動けませんか？　子どもをすぐに抱き上げて病院まで走って運ぶのが自然でしょう？」

困っている人がいれば、立ち止まって考えていないで、まず助けるべき。それがオードリーの行動力の原点でした。

WORDS OF AUDREY HEPBURN 66

世界を変えられるのは人々の意志である

欠けているのは人的資源ではなく、人の意志なのです

▼『母、オードリーのこと』

事業を始め、運営していく場合に必要なのは「人・物・金」の3つだといういうのは昔からよくいわれることです。

しかし、社会福祉や慈善活動などを行う場合、不足しがちなのがお金でしょう。困っている人を助けたくても、お金の制約が大きいと、どうしても助けられない人がでてきます。そこにジレンマを感じる人は少なくないようです。

オードリー・ヘップバーンは実際にそのような課題に直面し、疑問を持つようになります。そして、ユニセフの親善大使として1年半余り活動した頃、国連加盟国にGNPの1%を途上国開発基金に充てることを呼びかけます。

なぜ1%なのでしょうか。それは、その後10年間で途上国が最悪の貧困状態を根絶し、人が生きるために必要な最低限のものを整えるための財源でした。

当時の世界経済全体の0・5%を途上国のために充てられれば足りると知ったからです。そして、こう訴えます。

「私たちはもっとがんばるべきだと強く思います。欠けているのは人的資源ではなく、人の意志なのです」

人々の強い意志があれば、お金や知識も集まり、世界は変えられるというのがオードリーの思いでした。

WORDS OF AUDREY HEPBURN 67

愛は自ら与えるもの

愛することは、愛されることよりよほど大切だと思います

▼『エレガントな女性になる方法』

人は誰でも人から愛されたいという気持ちを持っています。しかし、愛は与えられるのを待つだけでなく、与えなければならない。これがオードリー・ヘップバーンの考え方です。そこには母親の影響があります。こう話しています。

「人の役に立ちなさい、他人から必要とされなさい、愛を与えられる人になりなさい。母からそう叩き込まれて育ちました。愛することは、愛されることよりよほど大切だと思います」

オードリーは母親が厳しく、父親も幼くして家を出ているために、愛情に飢えていました。そのため、何かを愛したいという気持ちが強く、犬や猫、馬をほしがり、赤ん坊を抱きたかったといいます。

愛されたい気持ちと愛したいという気持ちの両方を持っていたオードリーはこんなことを語っています。

「人々は私の中に、自分たちの中にもある何か、人に愛されたいと同時に人を愛したいという欲求を見た」『オードリー・ヘップバーン物語』下）。

オードリーはたくさんの映画に主演し、世界中の人々から愛されました。

晩年、ユネスコの親善大使として、自身が受けた多くの愛情を苦しむ子どもたちのために惜しみなく注いだのです。

WORDS OF AUDREY HEPBURN 68

平穏な日々よりも、自分の使命を優先する

私は今六十二だけれど、ただ家にいてトマトやバラを作ったり犬の世話をしたりするのが夢なの（中略）でももう少し先ね、各地の〝わたしの子供たち〟がちゃんと世話してもらえるとわかって安心するまでは……

▼『オードリーの愛と真実』

オードリー・ヘップバーンの人生を振り返ると、戦争によって翻弄された10代を経て、20代から50代が女優として望みうるすべてを手に入れた時代であり、60代はそれまで得たもののすべてを世界の恵まれない子どもたちに捧げた時代ということができます。

「ニューヨークの恋人たち」の後、ロバート・ウォルダーズという最高のパートナーを得て、すでに2人の子どもにも恵まれていました。ですから、本来は平穏な日々を送ることもできたはずです。

しかし、1987年にユニセフの大使としてスピーチをした後、ユニセフの親善大使として4年間で8つの国や地域を訪問しました。その活動によって、世界の子どもたちの惨状を発信し、多くの寄付を集め、国や国連を動かすために大きな貢献をしています。

オードリーは人気絶頂のときでさえ、安らぎのある家庭をつくろうと休養したことがあるほどですが、その夢を叶えられるはずの晩年に、体力気力を振り絞って世界各地を駆け巡っています。

「子どもを否定することは命を否定すること」と考えるオードリーにとって、子どもたちが安心して暮らせる社会をつくることこそが晩年の夢だったのです。

WORDS OF AUDREY HEPBURN

69

命が尽きるまで自分の意志をまっとうする

わたしたちは急がなくてはならないのです。多くの子供たちにとって、それは時間の問題なのです。彼らには待っている時間がないのです

▼『オードリー・ヘップバーン物語』

オードリー・ヘップバーンはユニセフの親善大使としてエチオピアを視察に訪れて以降、4年間で8回の任務を果たしています。

そしてソマリアへの視察を終えた翌年1993年の1月に亡くなりました。まさに命がけの任務だったといえますが、オードリーはなぜそうまでして世界を駆け巡ったのでしょうか。

オードリーはエチオピアを視察した際、500人もの子どもが暮らす孤児院を訪ねました。そこで、カトリック教会のシャサード神父から「子どもたちのための食糧を送ってもらえないのなら、彼らの墓を掘るためのシャベルを送ってください」という言葉を聞いたのです。

ユニセフは食料を送る方を選びますが、この神父の言葉こそオードリーが伝えたかった思いなのではないでしょうか。

本来、子どもたちには無限の未来があるはずです。しかし、戦争、天災などに巻き込まれ、食べるものが十分に与えられない子どもたちには輝かしい未来や時間などなかったのです。

子どもたちに時間のないことを知っているオードリーだからこそ、自分の命と時間を削ってでもそのことを世界の人たちに知らせようとしたのです。

WORDS OF AUDREY HEPBURN

第七章

より良い人生を生きる

WORDS OF AUDREY HEPBURN 70

人生の選択は自分で決める

わたしは十三歳のときから自立して、多くの重要な問題を慎重に考えてきましたが、判断を誤ったことは少なかったと思います。自分で物事を考える能力があることを誇りに思っています

▼『それでもあなたは美しい』

オードリー・ヘップバーンは1954年にメル・ファラーと結婚して以来、仕事でもできるだけ一緒にいたいと考え、行動しています。メルはキャリアのある俳優であり演出家でした。また、自分で企画を立て、それを舞台や映画として実現するプロデューサーでもありましたが、オードリーのようなスターではありませんでした。そのため、オードリーがメルの企画する作品に出ようとすると、周囲からは「メルがオードリーを支配し、すべての決定権を握っている」と批判されることもしばしばでした。

こうした見方にオードリーは反発します。オードリーはミュージカル映画「パリの恋人」に主演しましたが、それはメルの意見でもありました。

オードリーは「結局また、メルが私の仕事を演出している、って言われることになるのよね。もちろん、彼も時々私にアドバイスはするわ。でも最後の決断はいつだって私が下すのよ」(『オードリーの愛と真実』)と嘆きます。

まわりの声はともかく、息子のショーンが言うように、オードリーは「最初は仕事、それから家族、そしてお返しすること」を自ら選択し、成功を収めることができたのです。

WORDS OF AUDREY HEPBURN 71

年齢とともに変わる自分を楽しむ

これは笑い皺です。笑いほど嬉しい贈り物はありません

▼『それでもあなたは美しい』

オードリー・ヘップバーンは「ローマの休日」の大ヒットにより世界中の人々を虜にしました。それだけでなく、ファッションの世界においてもジヴァンシーやラルフ・ローレンを見事に着こなし、そのスタイルは世界中の女性のあこがれとなりました。

オードリーの魅力は何よりその圧倒的な美しさとスタイルにあっただけに、映画監督のビリー・ワイルダーが語った次の言葉は多くの人の懸念でもありました。

「スターの難しいところは、50歳、55歳になったときに、どうするかということだ」

実際、「ニューヨークの恋人たち」に51歳で出演したオードリーに対し、「ローマの休日」の妖精がすっかり歳を取ったと書き立てるマスコミもあったのです。

しかし、オードリー自身は年齢を重ね、白髪が目立つようになっても染めることはなく、目じりや唇の脇のシワも隠そうとはしませんでした。こう言っています。

「年とともに自分が変わっていくのがわかります。でもそれを直視しなければ」

シワが目立っても、それを「笑いジワです」と言うオードリーは笑わせてくれる人が大好きで、笑えば大抵のことは忘れられる、と気にしませんでした。

WORDS OF AUDREY HEPBURN

72

今いる場所でベストを尽くそう

わたしはたまたま女優になった。女優は第一の選択ではなかったけど、とにかくベストを尽くしたわ。わたしはこうなり、あなたはそうなり、ほかの人は大工さんになる……

▼『オードリー・ヘップバーン物語』

オードリー・ヘップバーンは誰もが認める映画スターですが、決して偉ぶることはなく、私生活では「ごく普通の主婦」という姿勢を通していました。

ローマで暮らしていた当時も、「私には秘書もいないし、番犬も飼っていない。パーティーや公式行事にも出席しないし、電話には自分で出る」と話したほどです。

ある日、ヘア・サロンで店の人が気を利かせて衝立《ついたて》で仕切った場所にオードリーを案内すると、オードリーは「私はそんなに醜いの？　衝立で隠さなければならないほどなの？」と言い、「普通の人」として扱われることを望んだといいます。

そこには女優として大成功しながらも、「女優の道に進んだのは偶然」という思いも影響していました。

あるとき、美術館の企画者として映画に関わっている人が「スターダム」について質問すると、オードリーは「私は映画スターじゃないわ」と断ったうえで、「わたしはたまたま女優になった。女優は第一の選択ではなかったけど、とにかくベストを尽くしたわ。わたしはこうなり、あなたはそうなり、ほかの人は大工さんになる……」と答えました。

オードリーは大スターでありながら、あくまでも普通の人でいたかったのです。

WORDS OF AUDREY HEPBURN 73

人生には息抜きの時間も必要

わたしには悪い習慣がいくつかあるの

▼『オードリー・ヘップバーン物語』

オードリー・ヘップバーンは第二次世界大戦中の飢餓が影響したせいか、女優としてデビューしてから亡くなるまで、その体形が大きく変わることはありませんでした。拒食症や摂食障害などと報じるマスコミもありましたが、実際のオードリーは食べることが好きだったのです。

1951年10月、オードリーは舞台「ジジ」に出演するために航路でニューヨークに到着します。ところが、出迎えたプロデューサーはあまりの食事のおいしさに船旅で約7キロも太ったオードリーを見て、「妖精と契約したはずなのに、目の前に現れたのはずんぐり太った女の子」だったとショックを受けます。

しかし、無理に体重を落とすとやつれて体力も低下します。オードリーは極端なダイエットではなく、きちんと食事をしながらやせることを教えられ、「妖精」に戻ることができたといいます。

オードリーは以後、二度と減量に苦しむことはありませんでしたが、母親のエラはいつもオードリーにお酒と甘いものはほどほどにすることと、タバコは6本まで、と言っていました。

規則正しい食事を続けても、自ら「悪い習慣」と呼ぶ喫煙をやめることはなく、つい吸い過ぎることもあったようです。

WORDS OF AUDREY HEPBURN

74

「至れり尽くせり」の環境を求めない

わたしは大人よ（中略）大勢の人たちに世話を焼いてもらわなくたって大丈夫だわ

▼『オードリー・ヘップバーン物語』

オードリー・ヘップバーンは1981年公開の「ニューヨークの恋人たち」以降は1989年にスティーブン・スピルバーグの「オールウェイズ」に天使の役で出演しただけで、映画の世界からは遠ざかっています。代わりにオードリーはユニセフの親善大使として世界を飛び回り、『アンネの日記』の朗読に挑戦したほか、ドキュメンタリーの「世界の庭」シリーズで世界各国を訪問しています。

オードリーは早くから「自分の庭を持つこと」を望み、スイスのトロシュナには果樹園と花畑と広い野菜畑を持ち、「私は庭師としては大したことはないけれど、草取りは自慢できる」と話すほど庭への関心は強いものがありました。

それだけにドキュメンタリー作家のブラックシュレーガーが1989年に企画した6部からなる「世界の庭」シリーズのガイド役として、オードリーはまさにぴったりの人選でした。

ただ、唯一の懸念はハリウッドと違い、番組の撮影にお付きの人もヘアドレッサーもメーキャップ係も衣装係もいなかったこと。しかし、オードリーは「私は大人よ」と大勢のスタッフを望みもしなかったばかりか、やがてまわりのスタッフの面倒まで見るようになったのです。

WORDS OF AUDREY HEPBURN 75

ユーモアで場を和ませる

わたしはティファニーで朝食を食べ、カルティエでハイ・ティーをいただきました——となるとつぎはブルガリでディナーをとらなくてはいけないのでしょうね

▼『オードリー・ヘップバーン物語』

映画「ティファニーで朝食を」で最も印象的なシーンの１つが、黒のドレスを着たオードリー・ヘップバーンがタクシーから降り、ティファニーのショーウィンドーを眺めながら、紙袋から取り出したデニッシュとコーヒーを食べるシーンです。

当時、ティファニーには喫茶店もレストランもありませんでしたが、オードリーの真似をする人が多かったせいでしょうか、２０１７年に完全予約制の「ブルー・ボックス・カフェ」がオープン（その後、改装工事を経て２０２３年に再オープン）、今や外ではなく、店内で本当に食事を楽しめるようになりました。

１９９１年にはオードリーがホスト役を務めた「世界の庭」シリーズの部分的プレビューと、オードリーを記念するハイ・ティーレセプションがカルティエのニューヨーク本店で催されています。

オードリーはカルティエの意図を汲んだのか、「私はティファニーで朝食を食べ、カルティエでハイ・ティーをいただきました。次はブルガリでディナーをとらなくてはいけないのでしょうね」と発言し、場を和ませています。オードリーはエレガントで責任感が強く、同時にユーモアのセンスのある人だったのです。

WORDS OF AUDREY HEPBURN 76

優しい人でなくてはならない

ジェントルマンであるということは、言葉のとおりジェントル、つまり第一にやさしい人でなくてはならないのよ

▼『母、オードリーのこと』

オードリー・ヘップバーンがデザイナーのユベール・ド・ジヴァンシーと出会ったのは「麗しのサブリナ」のときです。当時、ジヴァンシーは26歳の新進デザイナーでしたが、以来、「オードリーはジヴァンシーの創作にぴったりな体型を提供し、ジヴァンシーはオードリーのためにユークリッド理論のような不変のイメージを編み出した」『リアル・ストーリー』）といわれています。

2人はまさに最強のパートナーでしたが、男女の関係はなく、オードリーが「最高の、最も大切な友人の1人」というように友情と尊敬で結ばれていました。

1992年12月、手術をするには病状が悪化しすぎていたオードリーをスイスの自宅に何とか連れ帰りたいと家族が思いを巡らせていたとき、ジヴァンシーが自家用ジェット機の提供を申し出ます。

それによりオードリーは大好きな自宅で最期を迎えることができましたが、お礼の電話に出たジヴァンシーが伝えたのは「オードリーが自分の人生のすべてだ」という言葉でした。「ジェントルマンとは優しい人でなくてはならない」はオードリーが2人の子どもに教えた言葉ですが、ジヴァンシーはオードリーにとって最期の瞬間まで優しい人でした。

WORDS OF AUDREY HEPBURN

77

何を選ぶかでセンスが磨かれる

夜はジヴァンシーを着るのが好きだけど（中略）昼間はあなたのスポーティーな衣裳の方がいいわ

▼『オードリー・ヘップバーン物語』

オードリー・ヘップバーンというと、映画の衣装デザインを何度も担当し、また生涯の友人でもあったユベール・ド・ジヴァンシーが有名ですが、TPOに応じてラルフ・ローレンも好んで着ていました。個人的なつきあいもあり、「世界の庭」シリーズの際には、衣装の件でローレンに相談、「夜はジヴァンシーを着るのが好きだけど、昼間はあなたのスポーティーな衣裳の方がいいわ」とその意図を話しています。

もっとも、ローレンによると、オードリーにはジヴァンシーでも、ローレンでも、それこそシアーズ・ローバックでも、そこに行って「オードリー的なもの」を選んで着こなす才能があったといいます。たとえどんなものであれ、「彼女は数ある作品の中から自分に似合うものを選んでいた」というのがローレンのオードリー評です。

実際、「世界の庭」シリーズでも、オードリーが着ていたのは新たにデザインされたものではなく、オードリー自身が選んだ既成のデザインでした。ユニセフの親善大使となったオードリーを「デザイナー・ジーンズを着たマザー・テレサ」と呼ぶ人もいましたが、それもまたオードリーの魅力だったのでしょう。

WORDS OF AUDREY HEPBURN

78

美しさの秘訣は睡眠と散歩

すべては心の持ちようなのだ（中略）ラズロー・クリームを使うのは肌が乾きやすいからだし、睡眠不足にならないよう気をつけている

▼『オードリー・ヘップバーン物語』

オードリー・ヘップバーンが「ローマの休日」で華麗なスクリーン・デビューを果たして以降、その容姿やスタイル、ファッションに魅せられ、真似をする女性たちが急速に増えました。

当然のようにマスコミはオードリーに「美しさの秘密」を尋ねましたし、世界中の女性たちが、少しでもオードリーに近づきたいと、愛用している化粧品や美容器具、日頃よく食べている食べ物などを知りたがりました。

ところが、オードリーには驚くような「魔法の公式」はありませんでした。

特別なものといえば、毛髪学者フィリップ・キングズリー特製のシャンプーと、ドクター・アーネスト・ラズローの化粧品くらい。それ以外はたっぷりの睡眠をとり、散歩で新鮮な空気をたくさん体に取り込むことだけでした。

オードリー自身も「食べるものやフィットネスといったことに、あまり厳密になり過ぎないことよ。美容のための習慣の奴隷になってしまうから。肌はきれいになっても、まるでロボットみたいになってしまう」と話しています。

あまり几帳面に考えず、最低限のことをして、後は自然に任せる。

これがオードリー流なのです。

WORDS OF AUDREY HEPBURN

79

日々「愛すること」を意識する

愛する力（中略）は筋肉と同じで、鍛えなくては衰えていってしまうのです

▼『それでもあなたは美しい』

オードリー・ヘップバーンはナチスが支配するオランダで、自由もなく、食べるものも十分にない、まさにギリギリの生活を経験しています。

しかし、極限状態にあっても、人々は暴力的になったり奪い合ったりすることはなく、お互いに助け合い、食べものを分け合うことで生き抜くことができたといいます。元々人間には、苦しい環境の中でもお互いに協力する性質が備わっているのでしょう。

ところが戦争が終わると、助け合っていた人たちは、すぐに意地悪でゴシップ好きな人たちに戻ってしまったのです。


もちろん、それを「人間らしい」と言うこともできるでしょう。

しかし、こうした経験を経てオードリーは、人が生まれつき持っている「愛する力」について、「鍛えなくては衰えてしまう」と考えるようになります。

誰しも「愛」の大切さは理解しているものの、日々忙しく過ごしていると、せっかくの「愛する力」が摩耗してしまい、愛に鈍感になってしまいます。

愛は誰もが持っている大切な感情です。だからこそ、日々その大切さを意識し、「愛すること」に敏感であり続けなければならないのです。

WORDS OF AUDREY HEPBURN

80

全力で生きれば楽しい思い出だけが残る

もしわたしの世界が明日終わりになるのなら（中略）わたしは、運よく体験した、あれこれの楽しかったこと、わくわくしたこと、価値のあることを思いだすでしょう

▼『オードリー・ヘプバーン　彼女の素顔がここに』

オードリー・ヘップバーンの人生は、明るい面だけではありませんでした。幼い頃に両親の離婚を経験し、少女時代はナチスに自由を奪われ、食料も満足に得られないという過酷な経験をしています。

その後、イギリスでバレリーナになる夢に破れ、生きるために懸命な日々を経て、映画界で成功をつかむのです。

しかし、女優としての華々しい成功の裏で、私生活では二度の離婚を経験しました。ユニセフの親善大使として訪問した国々で目にしたのも「地獄」のような光景です。

それでも息子のショーンによると、オードリーは「愛は人を癒し、救い、立ち直らせ、最終的にすべてをいい方向に変えてくれる」（『母、オードリーのこと』）と信じていたといいます。

その信念のまま、走り続けたのがオードリーの生涯でした。

だからこそ、最期が近づいてきても、心の中は充足感に満ちていたのでしょう。人生を振り返って思い出すのは、悲しかったことではなく、楽しかったこと、うれしかったこと、わくわくしたこと、価値のあることだけ、と言い切っています。

全力で生きてこそ、人生は悔いのないものになるのです。

「オードリー・ヘップバーン」参考文献

『オードリーの愛と真実　映画より華麗でドラマチックなオードリー・ヘプバーンの生涯』
イアン・ウッドワード著、坂口玲子訳、日本文芸社

『オードリー・ヘップバーン物語』上下
バリー・パリス著、永井淳訳、集英社

『オードリー　リアル・ストーリー』
アレグザンダー・ウォーカー著、斎藤静代訳、アルファベータブックス

『Audrey　Hepburn　母、オードリーのこと』
ショーン・ヘップバーン・フェラー著、実川元子訳、加藤タキ監修、竹書房

『エレガントな女性になる方法　オードリー・ヘップバーンの秘密』
メリッサ・ヘルスターン著、池田真紀子訳、集英社

『オードリー・ヘプバーン　彼女の素顔がここに』
マーティン・ギトリン著、中尾ハジメ訳、クレヴィス

『それでもあなたは美しい　オードリー・ヘップバーンという生き方』
山口路子著、ブルーモーメント

桑原 晃弥

くわばら　てるや

1956年、広島県生まれ。経済・経営ジャーナリスト。慶應義塾大学卒。業界紙記者などを経てフリージャーナリストとして独立。トヨタ式の普及で有名な若松義人氏の会社の顧問として、トヨタ式の実践現場や、大野耐一氏直系のトヨタマンを幅広く取材、トヨタ式の書籍やテキストなどの制作を主導した。一方でスティーブ・ジョブズやジェフ・ベゾスなどのIT企業の創業者や、本田宗一郎、松下幸之助など成功した起業家の研究をライフワークとし、人材育成から成功法まで鋭い発信を続けている。著書に『人間関係の悩みを消す　アドラーの言葉』『自分を活かし成果を出す　ドラッカーの言葉』（ともにリベラル社）、『スティーブ・ジョブズ名語録』（PHP研究所）、『トヨタ式「すぐやる人」になれる8つのすごい！仕事術』（笠倉出版社）、『ウォーレン・バフェット』（朝日新聞出版）、『トヨタ式5W1H思考』（KADOKAWA）、『1分間アドラー』（SBクリエイティブ）、『amazonの哲学』（だいわ文庫）などがある。

イラスト　宮島亜希
デザイン　宮下ヨシヲ（サイフォン・グラフィカ）
校正　合田真子
DTP　尾本卓弥（リベラル社）
編集人　安永敏史（リベラル社）
編集　木田秀和（リベラル社）
営業　津田滋春（リベラル社）
広報マネジメント　伊藤光恵（リベラル社）
制作・営業コーディネーター　仲野進（リベラル社）

編集部　中村彩
営業部　津村卓・澤順二・廣田修・青木ちはる・竹本健志・持丸孝

惜しみない愛を与え続ける　オードリー・ヘップバーンの言葉

2024年9月24日　初版発行

著　者　桑原　晃弥
発行者　隅田　直樹
発行所　株式会社 リベラル社
〒460-0008　名古屋市中区栄3-7-9　新鏡栄ビル8F
TEL 052-261-9101　FAX 052-261-9134
http://liberalsya.com
発　売　株式会社 星雲社（共同出版社・流通責任出版社）
〒112-0005　東京都文京区水道1-3-30
TEL 03-3868-3275
印刷・製本所　モリモト印刷株式会社

ISBN978-4-434-34414-5　C0095